钢-UHPC组合桥面板
—设计与施工关键技术—

**Key Technologies for Design and Construction
of Steel-UHPC Composite Bridge Deck**

宋松科 杜桃明 权新蕊 刘 伟 著

重庆大学出版社

内容提要

近年来,国内外开始采用高性能混凝土、钢纤维混凝土-钢组合桥面板等结构构造,以期改善正交异性板的应力状态。试验和理论研究均表明,这些措施对提高桥面板刚度、降低疲劳热点应力、减少桥面铺装病害是有效的,但混凝土桥面自重较大,为此付出了桥梁用钢量增加、综合造价增加的代价。同时,混凝土材料的抗拉性能较弱,部分桥梁出现了混凝土桥面开裂的现象,使其刚度降低。而 UHPC 强度高、弹模大,将 UHPC 用于桥面结构中形成组合桥面板,具有混凝土桥面板的优点,只需较小的厚度即可较好地提高桥面板刚度,在改善桥面刚度特性的同时不会导致结构自重明显增加。

本书以新型钢-低收缩 UHPC 组合桥面板为研究对象,开展低收缩免蒸养 UHPC 材料性能、钢-UHPC 连接构造、钢-UHPC 桥面板结构行为及计算方法、施工工艺 4 个方面的研究。在国内已有研究成果的基础上,进一步掌握低收缩免蒸养 UHPC 材料特性和钢-UHPC 组合箱梁结构行为特性,为钢-UHPC 组合箱梁的推广应用提供技术储备。

图书在版编目(CIP)数据

钢-UHPC 组合桥面板设计与施工关键技术 / 宋松科
等著. -- 重庆 : 重庆大学出版社,2023.9
ISBN 978-7-5689-4179-2

Ⅰ. ①钢… Ⅱ. ①宋… Ⅲ. ①钢筋混凝土桥—组合体
系桥—桥面板—工程设计②钢筋混凝土桥—组合体系桥—
桥面板—工程施工 Ⅳ. ①U448.21

中国国家版本馆 CIP 数据核字(2023)第 176147 号

钢-UHPC 组合桥面板设计与施工关键技术
GANG-UHPC ZUHE QIAOMIANBAN SHEJI YU SHIGONG GUANJIAN JISHU

宋松科 杜桃明 权新蕊 刘 伟 著
策划编辑:林青山

责任编辑:陈 力 版式设计:林青山
责任校对:邹 忌 责任印制:赵 晟

*

重庆大学出版社出版发行
出版人:陈晓阳
社址:重庆市沙坪坝区大学城西路 21 号
邮编:401331
电话:(023)88617190 88617185(中小学)
传真:(023)88617186 88617166
网址:http://www.cqup.com.cn
邮箱:fxk@ cqup.com.cn(营销中心)
全国新华书店经销
重庆巍承印务有限公司印刷

*

开本:787mm×1092mm 1/16 印张:10.75 字数:263 千
2023 年 9 月第 1 版 2023 年 9 月第 1 次印刷
ISBN 978-7-5689-4179-2 定价:79.00 元

本书如有印刷、装订等质量问题,本社负责调换

编委会

前　言

　　交通运输在现代社会中扮演着至关重要的角色,而桥梁作为其重要组成部分,对保障人们出行的安全和顺畅起着至关重要的作用。钢结构桥梁以其自重轻、承载能力高、架设速度快等优点在桥梁中得到广泛使用。桥面板作为钢桥的直接承载部位,其质量和性能的稳定直接影响着桥梁的使用寿命和安全性。目前,正交异性板是钢桥最常见的桥面板形式之一,但其与桥面铺装容易出现缺陷,而采用钢混组合桥面板又会导致结构荷载增加过多,没有充分发挥钢桥的优势。如何设计一种高效、高质量的桥面板,一直是钢桥设计和施工中的难点。超高性能混凝土(UHPC)强度高、弹模大,将其用于桥面结构,与钢桥面形成组合桥面板,在具有混凝土桥面板优点的同时,自重不会增加太多。UHPC具有高强度、轻量化、耐久性好、施工方便等诸多优点,可以说既兼顾了钢材的强度和刚度,又具有UHPC优异的耐久性。但是,UHPC材料与钢桥面的连接、组合后其具体受力性能以及施工工艺等还需要进行深入研究。2013年以来,在四川省交通运输厅的大力支持下,四川省交通勘察设计研究院有限公司立项了相关科研课题,针对钢-UHPC组合桥面板展开了研究,并取得了大量的研究成果。公司的桥梁技术研究团队在长期从事钢结构桥梁的设计、咨询、病害防治与科研的基础上,编写了本书。本书是钢桥桥面板设计的重要参考书,书中在低收缩免蒸养UHPC材料性能、钢-UHPC连接构造、钢-UHPC桥面板结构行为及计算方法、施工工艺4个方面给出了大量的试验分析以及计算原理、方法,旨在为桥梁设计和施工工作者提供一种全新的思路和方案。同时,本书介绍了一些实际案例的应用和效果,可供读者参考和借鉴。

　　本书共分为6章,第1章介绍了钢-UHPC钢桥面的研究的现状及研究方向,第2章介绍了低收缩免蒸养UHPC的制备技术以及UHPC材料的性能,第3章主要阐述了钢板与UHPC的连接构造以及其受力机理分析,第4章主要对钢-UHPC桥面板的受力行为及计算方法进行了详细分析对比,第5章从UHPC拌和工艺、振捣工艺等方面对钢-UHPC组合梁桥进行了施工技术方面的研究及测试,第6章对低收缩免蒸养UHPC混凝土材料性能、钢-UHPC连接构造、钢-UHPC桥面板结构行为及计算方法、施工工艺4个方面研究成果进行了总结。

　　本书在编写过程中得到了四川省交通运输厅、四川省交通勘察设计研究院有限公司、西南交通大学的大力支持和帮助,在此表示诚挚的感谢!

　　书中可能存在疏漏之处,敬请读者不吝指正,我们将不胜感激。

编　者

2023年5月

目　录

第1章 概 述

1.1 研究背景

钢桥自重轻、承载效率高、跨越能力强,是大跨度桥梁的主要形式,其在中小跨度桥梁中的应用也日益广泛。特别是钢梁预制拼装程度高、施工快速、桥墩数量少等特点,十分适宜工期短、施工环境复杂的市政桥梁,在我国的台湾省、日本、德国、法国均有大量的中小跨度钢桥。我国交通事业的巨大进步有力地推动了钢结构桥梁的发展,在《交通运输部关于推进公路钢结构桥梁建设的指导意见》中,明确提出了新建大桥、特大桥以钢结构桥梁(含组合结构桥梁)为主的意见,发展钢结构桥梁和组合结构桥梁符合交通行业的发展战略,这为钢结构桥梁和组合结构桥梁的发展创造了条件。

钢箱梁具有抗弯刚度大、抗扭性能好、自重轻、跨越能力强等优点,20世纪50年代以来一直是钢结构桥梁的主要截面形式。钢箱梁一般采用正交异性钢桥面板,其自重约为钢筋混凝土桥面板或预制预应力混凝土桥面板自重的 $1/3 \sim 1/2$,而且其运输架设方便、施工周期短,自1940年以来已成为钢箱梁桥的首选桥面形式。正交异性钢桥面板由纵横向互相垂直的加劲肋(或横隔板)连同桥面盖板组成,既是钢箱梁的上翼缘,又直接承受车辆的轮载作用。公路车辆运行轨迹及质量的不确定性,使得正交异性桥面板的变形特点、应力分布十分复杂。铺设于钢桥面板上的桥面铺装虽然不参与结构受力,但其质量和性能直接影响行车的安全性和舒适性。受正交异性桥面板的刚度特性和变形特性及行车荷载、温度变化等因素的综合影响,其受力和变形远较道路路面或机场道面复杂。统计表明,钢桥面铺装是我国钢桥的多发病害形式之一,有的桥梁投入使用后不到两年,桥面铺装即出现开裂、鼓包、坑洞、车辙等病害(图1.1、图1.2),整体上钢桥面的沥青混凝土铺装的使用年限不到设计使用年限的 $1/3$,已有桥梁在10年间多次更换桥面铺装仍不能解决问题。桥面铺装的维修已成为钢箱梁桥运营维护成本的重要组成部分,高昂的桥面铺装维修费用成为阻碍钢结构桥梁快速发展的障碍之一。

图1.1　坑槽裂缝病害　　　　　　　　　图1.2　车辙病害

　　钢桥面铺装的病害与正交异性板的构造及力学行为密切相关。首先,正交异性桥面板由顶板和纵、横肋系构成,刚度分布不均匀,在纵、横肋处盖板刚度大,而在肋间刚度相对较小,必然导致桥面变形不均匀;其次,在我国车辆超载十分普遍,进一步劣化了正交异性板的变形状态;最后,钢桥面铺装铺设过程中具有较为苛刻的要求,施工时难以达到相应技术标准是导致病害的原因之一。

　　桥面铺装不但需要具有良好的追随钢板变形的性能,而且要求在温度和车辆荷载的共同作用下不产生过大的推移变形(图1.3、图1.4)。同时,铺装层要尽可能密实不透水,具有较好的抵抗疲劳开裂性能和较长的使用寿命。大量桥面铺装病害的反复维修和反复损坏的事实表明,对正交异性钢桥面板,仅改善铺装性能难以从根本上解决问题。开发和研究性能优越、耐久、经济的新型桥面板结构与钢腹板、钢底板共同组成组合箱梁,可增大桥面板刚度,改善桥面板铺装工作条件,是解决钢桥面铺装及其耐久性问题的重要途径,对根除桥面铺装病害具有重要意义。

图1.3　剪切推移病害　　　　　　　　　图1.4　剪切雍包病害

　　遵循这一思路,近年来,国内外开始采用高性能混凝土、钢纤维混凝土-钢组合桥面板等结构构造,以期改善正交异性板的应力状态。试验和理论研究均表明,上述措施对提高桥面板刚度、降低疲劳热点应力、减少桥面铺装病害是有效的,但混凝土桥面自重较大,为此付出了桥梁用钢量增加、综合造价增加的代价,同时混凝土固有的抗拉性能差的缺陷导致部分桥梁中出现了混凝土桥面开裂的现象,使得其刚度降低,效果大打折扣。

超高性能混凝土(Ultra-High Performance Concrete,UHPC)是新一代水泥基材料,以高抗压、高抗拉、高弹性模量、受拉应变硬化为主要特征,广义的 UHPC 包括 RPC(UHPC)、UHPFRC(超高性能纤维增强混凝土)及 ECC 等新型水泥基材料,根据是否含有粗骨料,德国将其分为粉末超高性能混凝土(不含粗骨料,简称 UHPC-PC)和骨料超高性能混凝土(简称 UHPC-CA)两大类。UHPC 的抗压强度为 150~220 MPa,弹性工作段为全工作段的 70%~80%,不添加纤维时的抗拉强度为 7~10 MPa,添加纤维时的抗拉强度为 7~15 MPa,且其抗拉强度可随钢纤维掺量的不同而变化,从根本上克服了普通混凝土抗拉强度低的缺陷。添加粗骨料后,UHPC 的抗压强度变化不大,抗拉强度有所变化,变化的情况与纤维的形状和纤维的长径比有关,长径比适当时抗拉强度下降不明显(由 7~15 MPa 下降至 7~13 MPa)。添加粗骨料后抗渗性能和抗冻性能有所下降,但耐磨性能会有所提高。

UHPC 混凝土强度高、弹模大,将 UHPC 混凝土用于桥面结构中形成组合桥面板,在具有混凝土桥面板的优点的同时,只需要较小的厚度即可较好地提高桥面板刚度,在改善桥面刚度特性的同时不会导致结构自重明显增加。钢-UHPC 组合桥面板最早在 2010 年由日本工程师 Murakoshi 提出,早期将 UHPC 层视为桥面铺装,UHPC 板既可以采用现浇板也可以采用预制板,采用预制板时 UHPC 板与钢桥面板甚至采用了胶粘工艺。在其后的使用中发现,黏合剂的长期稳定性不足,UHPC 预制板与钢桥面板的结合不可靠,破坏往往发生在胶层处。我国学者丁庆军教授几乎在同时期对钢-UHPC 组合桥面板进行了研究,将 UHPC 层视为桥面铺装,但 UHPC 板与钢桥面板的连接采用了剪力栓钉,大大加强了钢-混连接的强度。邵旭东教授对钢-UHPC 组合桥面板疲劳性能的进一步研究表明,UHPC 层大幅减小了U 肋与钢盖板、U 肋嵌补段的应力幅,疲劳性能明显改善。UHPC 层能够明显提高正交异性桥面板的性能,UHPC 层不再被视为铺装,而被视为桥面板的一部分,形成了钢-UHPC 组合正交异性桥面板。然而,我国进入规模化应用的 UHPC 主要是 RPC,RPC 的收缩特性与普通混凝土不同,其骨料细化、水灰比很小、硅含量很高,可散失的水分有限,其收缩主要由塑性收缩和自收缩组成,自收缩大于干燥收缩,而且其收缩量高达 500~800 με,为了快速固化拌合物,目前一般均需要采用蒸汽养护工艺,这给现浇施工带来了一定的困难,在一定程度上阻碍了钢-UHPC 组合桥面板的推广应用。

我国对新型水泥基材料的研究起步于 21 世纪初,目前的主要产品是 RPC,在国内已趋于成熟,并编制了国家标准《活性粉末混凝土》(GB/T 31387—2015)。VSL(中国)工程有限公司引进其母公司法国 Bouygues 公司的 RPC 制备技术,2014 年联合西南交通大学进行了低收缩 RPC 混凝土(LS-RPC)的研发和工程应用技术的本土化探索,研发了常规养护和加热养护两种配方及对应养护工艺,解决了国内 RPC 混凝土需要蒸汽养护、现场浇筑不便的问题,而且其收缩值约为 350 με,仅为其他 RPC 收缩值的 50%~60%。同时,从 2016 年起,联合安徽斯派索材料科技有限公司对 UHPC 进行研究,目前 C130 级 UHPC 制备技术已基本成熟,抗压强度、抗拉强度、弹性模量等主要力学指标已稳定,具备工程化应用的条件,可根据用户要求,配制 C130 级以下的 UHPC,同时在低收缩免蒸养 UHPC 混凝土方面积累了很多研究经验。

本书以新型钢-低收缩 UHPC 组合桥面板为研究对象,开展了低收缩免蒸养 UHPC 混凝土材料性能、钢-UHPC 连接构造、钢-UHPC 桥面板结构行为及计算方法、施工工艺 4 个方面的研究。在国内已有研究成果的基础上,进一步掌握低收缩免蒸养 UHPC 材料特性和钢-UHPC 组合箱梁结构行为特性,为钢-UHPC 组合箱梁的推广应用提供技术储备。

1.2 研究内容及研究目的

本书针对钢-UHPC 组合桥面板,从材料、构造、结构、施工四个层次展开研究,具体研究内容包括以下几方面:

1.2.1 低收缩超高性能混凝土(UHPC)材料性能研究

围绕钢-UHPC 组合梁对 UHPC 材料性能的需求,在现有配合比基础上,从材料的组分出发,运用流变学、水化动力学等手段,以及微结构调控、纤维混杂等技术实现关键技术的建立,进而完成材料的优选设计并提出满足性能需要的粗骨料活性粉末混凝土材料施工配合比。在此基础上通过材料试验系统研究 UHPC 的力学性能和长期性能,为钢-UHPC 组合梁的研究提供基础数据。

1)UHPC 配合比设计

经前期的大量研究,水泥基材料的配合比已成熟,在本项目中主要对钢纤维进行了优化,进行了混合纤维纤维率 2.3%、混合纤维纤维率 2.6%、无纤维、单一粗纤维 2.5%、单一细纤维 2.5%、单一细纤维 2.0% 等 7 种纤维的试验。其中 MR1 为标准试件,采用粗细、长短不同的 2 种纤维混合;MR2 也采用粗细、长短不同的 2 种纤维混合,但在 MR1 的基础上增加了粗纤维的长度和直径;MR3 为无纤维的 UHPC;MR4 的纤维配置方式同 MR1,但将纤维掺量降低至 2.3%,其余 3 种配合比为单一纤维。研究配合比时采用加热养护方式以加快研究进程,所完成的试验及试件数量详见表 1.1。

表 1.1 UHPC 配合比设计试验

研究参数	检验数量		
	抗压强度	弹性模量	弯曲初裂
标准试件(纤维率 2.6%,混合纤维)	3	3	3
纤维率 2.6%,混合纤维	3	3	3
纤维率 0%	2	1	1
纤维率 2.3%(混合纤维)	2	2	2
纤维率 2.5%(单一粗纤维)	2	1	1
纤维率 2.5%(单一细纤维)	2	1	1
纤维率 2.0%(单一细纤维)	2	2	2

注:每组试验包括 3 个试件。

2）UHPC 材料性能试验

基于优化后的配合比,对低收缩 UHPC 材料的力学性能、长期性能进行系统研究。由于研究旨在实现免蒸养,仅对试件进行标准养护试验。力学具体试验内容和试件数量见表1.2。

表1.2 UHPC 力学性能试验

序号	检验项目	检验数量/组	试件尺寸/mm	参照标准
1	标准养护立方体抗压强度	10	100×100×100	GB/T 31387—2015
2	标准养护抗折强度	5	100×100×400	GB/T 31387—2015
3	标准养护抗弯拉初裂强度	5	100×100×400	CECS 13—2009
4	标准养护静力受压弹性模量	5	100×100×300	GB/T 31387—2015
5	标准养护试件断裂韧性	2	第一位移突变点	CECS 13—2009
6	标准养护试件泊松比	3	100×100×300	GB/T 31387—2015

同样在标准养护条件下进行材料的干燥收缩、受压徐变、抗水渗透、抗氯离子渗透、碳化、冻融剥离。具体试验内容和试件数量如下:

表1.3 UHPC 长期性能试验

序号	检验项目	检验数量/组	试件尺寸/mm	参照标准
1	标准养护1年试件干燥收缩试验	2	100×100×515	GB/T 50082—2009
2	标准养护试件受压徐变试验	2	100×100×300	GB/T 50082—2009
3	标准养护抗水渗透试验	2	圆台体试件	GB/T 50082—2009
4	标准养护抗氯离子渗透试验	2	ϕ100×200	GB/T 50082—2009
5	标准养护试件碳化试验	1	100×100×300	GB/T 50082—2009
6	标准养护试件冻融剥离	2	100×100×400	GB/T 50082—2009

注:1. 提供标养条件下不低于 12 个月的收缩数据。

2. 抗氯离子渗透试验中,用同配比不掺钢纤维的试件进行测试。

3）素低收缩 UHPC 混凝土板及低收缩 UHPC 混凝土加筋板抗弯性能研究

素板试验目的是探明低收缩 UHPC 混凝土板在弯曲荷载下的抗裂性能,测定低收缩 UHPC 混凝土的弯曲抗拉强度,并初步考察振捣工艺、养护条件、钢纤维掺量对抗裂性能的影响。

1.2.2 钢板与 UHPC 的连接构造

针对钢-混连接构造和 UHPC 桥面板连接构造两个关键构造开展研究。以 UHPC 剪力钉力学性能的研究为基础,以塑性理论和弹性理论为指导,以剪力分布为依据,解决剪力钉纵横向布置问题;同时,提出新型嵌固型"燕尾榫"连接构造,增强新旧混凝土连接,解决后浇带及湿接缝问题。

1) UHPC 中剪力栓钉的力学性能

通过推出试验进行加载全过程结构行为研究,系统探明 UHPC 中剪力栓钉的荷载-滑移特性、破坏形态、极限承载力,考察长径比的影响,提出荷载-滑移方程,并推荐设计使用的承载力,为钢-UHPC 组合梁的设计提供依据。

2) 剪力栓钉连接技术

在剪力栓钉力学性能研究的基础上,研究钢-UHPC 组合梁中剪力栓钉群的布置,包括:

(1) 基于弹性设计的剪力钉设计方法

假定使用荷载下钢结构、UHPC 板、剪力栓钉均处于弹性状态,通过有限元分析,探明组合梁中剪力栓钉群的剪力分配规律,依据剪力分配规律及剪力栓钉力学性能提出剪力钉间距的设计方法。

(2) 基于塑性设计的剪力钉设计方法

既有试验研究表明,较大荷载下组合梁中剪力栓钉会产生滑移变形,导致钢-混界面剪力重分布,沿长度方向趋于均匀,这为剪力栓钉布置的设计和施工带来极大方便。考虑这种情形,本书给出钢-UHPC 组合梁剪力栓钉布置的塑性设计方法。

(3) 考虑剪力滞效应的剪力栓钉设计技术

剪力滞效应是箱梁计算中必须考虑的因素,由于腹板的约束作用,在靠近腹板的区域剪力较大,远离腹板的区域剪力较小,在设计剪力钉时必须考虑这一效应。通过有限元分析,探明钢-UHPC 组合桥面板横截面的剪力分布特点,结合理论模型,提出考虑剪力滞效应的剪力钉设计计算方法。

3) 钢-UHPC 桥面板连接构造及力学行为

对于大型桥梁的混凝土桥面板而言,通常情况下,难以一次性浇筑完成,必然存在新旧混凝土结合面,此外 UHPC 板也可采用预制拼装的方式,也存在新旧混凝土结合面。在结合面处新旧混凝土的钢纤维无法连续,致使结合面处结构的抗弯拉性能降低。新旧混凝土结合面处一旦开裂将使得组合正交异性桥面板的结构性能大打折扣。采用嵌固式的"燕尾榫"接头形式,通过"燕尾榫"的机械嵌锁力提高新旧混凝土结合面的抗裂性能和裂缝约束性能。提出"燕尾榫"接头的构造形式,通过模型试验验证其抗裂性能和裂缝约束性能,为设计提供合理的新旧混凝土连接构造。

1.2.3 钢-UHPC 桥面板的受力行为及计算方法研究

围绕桥面板内力计算和正常使用极限状态、承载能力极限状态验算展开研究。探明组合箱梁中桥面板的位移边界条件,提出简化计算模型和方法,同时通过模型试验探明钢-UHPC 组合桥梁顺桥向和横桥向的力学行为,通过理论分析和统计分析建立承载能力和裂缝验算方法。

1) 低收缩 UHPC 混凝土加筋板抗弯性能研究

结合裂缝发展、挠度和抗弯承载力探究低收缩 UHPC 混凝土适宜的配筋种类(普通钢筋、高强钢丝)及配筋率。

2)组合箱梁桥面板内力的简化计算方法

钢与 UHPC 叠合形成组合桥面板后,桥面板刚度将明显增加,这将改变桥面板与钢腹板的刚度比,使得桥面板约束条件发生变化。通过简化计算方法考察钢腹板对桥面板的约束特性,探明桥面板的位移边界条件,提出了带伸臂且上、下板厚不等的矩形箱梁的横向内力分析方法,为桥面板内力计算提供依据。

3)钢-UHPC 组合桥面板抗弯性能研究

UHPC 与正交异性钢桥面板共同构成组合正交异性桥面板。在顺桥向 UHPC 板与钢顶板及其加劲 U 肋(以下称"组合体 U 肋单元")形成的复合结构,在横桥向上则为 UHPC 板与钢顶板形成的组合板式结构。由于结构构造的原因,横桥向和顺桥向的力学行为有较大差矩。而且作为桥面板体系,组合正交异性桥面板在顺桥向和横桥向上均可能承受正弯矩和负弯矩。在正弯矩作用下,钢结构受拉、UHPC 受压,由于 UHPC 具有超高的抗压强度,正弯矩不控制设计,因此这里仅对负弯矩作用的桥面板性能进行研究。考察组合正交异性桥面板结构在顺桥向和横桥向承受负弯矩的能力,探明结构的承载能力、抗裂能力、裂缝发展规律、开裂后的弹性恢复能力、破坏模式、变形发展规律等与结构使用和维护密切相关的力学行为。包含两个方面:

①UHPC 组合体 U 肋单元,考察组合正交异性桥面板纵向抗弯性能。

②钢-UHPC 组合板,考察组合正交异性桥面板横向抗弯性能。

4)钢-UHPC 桥面板承载能力及裂缝宽度计算方法

对应于设计的承载能力极限状态和正常使用极限状态的验算,为钢-UHPC 桥面板的验算提供参考。同样仅考察负弯矩作用下的计算方法,具体研究内容为:

①钢-UHPC 组合桥面板承载能力计算。在试验研究的基础上,基于应变测试结果和平截面假定,提出承载力极限状态下 UHPC 受压区混凝土应变分布模式,考察受拉区 UHPC 参与受拉工作的参与程度,提出内力臂高度计算方法,通过截面力平衡和力矩平衡建立承载能力极限状态平衡方程及计算方法,提出钢-UHPC 组合桥面板最小配筋率、界限受压区刚度及最大配筋率的计算方法。

②钢-UHPC 组合桥面板裂缝宽度计算方法。在试验研究的基础上,分析钢纤维的裂缝约束效应,考察裂缝分布规律,基于有滑移理论建立平均裂缝间距的计算公式及平均应变差计算公式,提出正常使用极限状态内力臂高度计算方法,基于无滑移理论考察保护层厚度的影响,提出平均裂缝宽度计算公式,基于实测的最大裂缝宽度,采用回归分析的方法确定最大裂缝宽度系数,从而建立负弯矩作用下钢-UHPC 组合桥面板裂缝宽度计算方法。

③钢-UHPC 组合桥面板开裂后刚度计算方法。基于截面有效惯性矩法,考虑混凝土受拉刚化效应,采用回归分析的方法标定开裂前刚度和开裂截面刚度系数,建立钢-UHPC 组合板开裂后刚度计算方法。

1.2.4　钢-UHPC 组合梁桥施工技术研究

围绕钢结构制造和 UHPC 桥面板浇筑工艺进行研究,基于无应力状态法提出钢箱梁无应力线形的确定方法和控制指标;针对 UHPC 的配合比特点和新拌特性,提出标准化拌和工艺和振捣工艺。

1)基于无支架施工的钢梁制造无应力线形控制

钢-混组合梁具有良好的预制拼装性能,一般采用无支架施工,钢箱梁作为桥面板铺设的支架,承受桥面板自重。基于无应力状态法,建立组合梁成桥状态平衡方程,分离无应力状态量,形成无应力状态平衡方程,建立无应力状态量的求解方法,获得钢箱梁无应力线形。根据钢箱梁制造的特点,确定无应力线形的主要指标,指导钢箱梁制造。

2)UHPC 桥面板浇筑技术

拌和工艺直接影响骨料和纤维的分布,对 UHPC 的材料性能有直接影响,振捣工艺则影响了浇筑过程中纤维的二次分布和浇筑的密实性,是影响桥面板质量的重要因素。针对这两个问题进行研究,以期形成标准化拌和和振捣工艺,为施工提供指导。包含以下两个方面:

(1)UHPC 拌和工艺

拌和工艺研究的主要目的是确定原材料投料顺序和 UHPC 合理拌和时间。通过原材料投料顺序的研究,验证实验室所确定的原材料投料顺序的可行性。在此基础上,研究不同阶段拌和时间对出料后混凝土性能的影响。

(2)UHPC 振捣工艺

根据桥面板厚度,经试验研究,比较不同振捣器具的振捣效果,提出适宜的振捣器具,在此基础上,通过材料试验和 IPP 图分析,考察留振对气泡、纤维分布的影响,确定适宜留振时间。

第 2 章　低收缩 UHPC 材料性能研究

2.1　低收缩免蒸养 UHPC 的制备技术

低收缩免蒸养 UHPC 的制备技术其本质是合理的配合比设计,其中包括低收缩免蒸养 UHPC 的配制和弯曲初裂应力的提高两个方面。

2.1.1　低收缩免蒸养 UHPC 的配制

UHPC 的制备原理与普通混凝土不同,普通混凝土是以粗骨料形成受力骨架,以胶结材料维持粗骨料的稳定,即在普通混凝土中粗骨料是受力的主体。普通混凝土由固、液二相体构成,在液相胶凝材料的硬化中不可避免地会在骨料交界面出现微细裂缝,使得骨料交界面成为薄弱环节,这是普通混凝土抗拉强度低的主要原因。

UHPC 的制备原理主要是通过提高密实度、降低水泥基的孔隙率等方法使得材料内部微裂缝等缺陷尽可能被消除,往往还掺入纤维,从而获得优异的材料性能。UHPC 高强度的获得主要基于无限填充理论,优化材料颗粒级配,选用的颗粒粒径具有层次感(图 2.1)。在反应过程中,一般大颗粒之间往往不能达到完全密实状态,这就要依赖较小颗粒来填充之间的空隙,而较小颗粒之间的空隙则由更小的颗粒来弥补,如此无限填充,材料的空隙不断减小,最终达到较密实状态。

一般获得超高性能混凝土材料的途径如下:

①提高匀质性,减少材料内部缺陷。

②优化颗粒级配,增大基体密实度。

③添加外加剂,降低孔隙率,改善材料微观结构。

④添加钢纤维,大大提高材料韧性。

粉末 UHPC 与骨料 UHPC 制备的最大区别在于对粗骨料的使用。粉末 UHPC 完全剔除了粗骨料,而骨料 UHPC 对骨料粒径没有严格的限制,允许适当粗骨料的存在。目前我国常用的 UHPC 为粉末 UHPC,本书的研究针对粉末 UHPC 进行(图 2.2)。

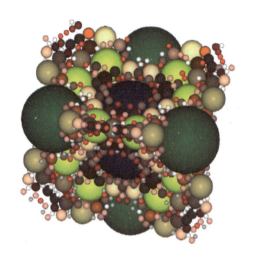

图 2.1　无限填充理论示意　　　　　　　图 2.2　粉末 UHPC

粉末 UHPC 剔除了粗骨料大幅减小了内部缺陷,使得其获得优良的力学性能和长期性能,也带来了其收缩明显较普通混凝土大的问题,一般情况下 UHPC 的收缩可达 500 ~ 800 $\mu\varepsilon$,几乎是普通混凝土的两倍。

混凝土的收缩主要包括 3 个部分,即塑性收缩、自收缩以及干燥收缩。对于普通混凝土而言,其收缩主要由干燥收缩组成,通常所指的收缩即为干燥收缩。对于 UHPC 这种骨料细化、水灰比很小、硅含量很高的混凝土而言,可散失的水分有限,其收缩主要由塑性收缩和自收缩组成,塑性收缩不引起温度自应力,这里主要讨论自收缩。自收缩主要包含两个方面:一是水泥水化反应,自由水减少,水化产物的体积小于原来未水化水泥和水的总体积(即水泥体积 C+拌和水体积 W>水化物体积 P);二是水泥凝结之后,形成硬化水泥石骨架,进一步水化将消耗体内水分,混凝土内部相对湿度降低,导致毛细管水表面张力增加,压缩水泥石骨架,使混凝土体积减小。对采用加热养护的 UHPC,水蒸气的渗入及高温蒸汽使得内部空隙水体积膨胀,压力增加,在养护阶段其体积往往是膨胀的,在加热养护完毕的降温过程中其体积会有所减小,但其原因主要是温度变形。一般认为,加热养护的 UHPC,在养护期不会产生不利的收缩自应力。这是 UHPC 目前主要采用蒸汽养护的主要原因。

此外,UHPC 的水胶比一般为 0.14 ~ 0.17,水胶比低,水化速度较慢,Kassel 大学的研究表明,在标准养护条件下,70 d 左右其水化反应才大致完成。蒸汽养护提高了水化反应的温度,可使水化反应在 72 h 内快速完成,即蒸汽养护 72 h 的 UHPC 的材料性能与标准养护 70 d 的性能相当。但国内外的研究均表明,标准养护 28 d 的强度可达 70 d 强度的 85% 以上,水化速度慢并非使用蒸养的主要原因。

综上所述,UHPC 采用蒸汽养护的主要目的是解决其收缩过大的问题,一旦收缩得到有效控制,则 UHPC 是完全可以采用常规养护方式的。

控制 UHPC 的收缩有两个途径:其一为在其配方中添加微膨胀剂,但大量的研究表明,膨胀剂在早期可较好地补偿收缩,但随着时间的延长,仍会产生收缩;其二为增加 UHPC 的致密性,合理控制水胶比,这一方法对收缩的控制比较稳定,本书采用了这一方案。具体地,在 UHPC 配方中添加了纳米硅灰,进一步填充空隙,增加材料的致密性。但硅灰的加入将增加材料的比表面积,使得用水量增大,这会导致水胶比增大,增加收缩,同时会劣化材料的力学性能。为此,在配方中采用了高效减水剂,增加表面活性,在增加纳米硅灰的同时,不变化水胶比,从而达到控制收缩的目的。

2.1.2　收缩验证试验

收缩验证试验设计了两组共 4 个试件,其中组合板试件 1 组,加筋板试件 1 组(图 2.3—图 2.5)。根据计算结果,收缩应变在整个试件范围内是均匀分布的,综合考虑后期恒温室内测试的要求,组合板试件平面尺寸为 2 000 mm×630 mm,钢板厚度为 6 mm,SR-RPC 的厚度为 55 mm。加筋板试件的平面尺寸为 1 500 mm×350 mm,厚度为 55 mm,在 1/2 板高位置布置 9 根 ϕ10 的钢筋。

图 2.3　正在制作的组合板收缩试件　　　　图 2.4　未浇注的加筋板试件

图 2.5　正在覆膜保水的收缩试件

采用 UHPC 收缩测试和钢筋应变测试相结合的方法。在试件顶面密布千分表直接测试 UHPC 的收缩,同步采集钢筋应变,由于需要长期测试,为保证可靠性,在每一个试件上布置了 30 片应变片。测试系统如图 2.6 所示。

图 2.6　正在测试的收缩试件

对常规养护试件,其测试方法如下:

①在浇注混凝土时在混凝土中埋设温度传感器。

②收缩测量采用千分表进行,在试件浇注后 5 h,安装千分表,并开始测量。

③在安装千分表 24 h 内,每 2 h 测量 1 次。

④24 h 后,进行标准养护,养护期间,每 12 h 测量 1 次,测量时间为 7～14 d。

⑤每次测量读数时,应同时用测温枪测试连接千分表连杆的温度,并测量混凝土温度。

⑥测量 7～14 d 后,在温度为(20±3)℃,湿度为 60%±5% 的环境内进行长期测试,测量频次为每天一次。

本小节针对常规养护的试件,测试了养护期的自收缩情况,测试时间共 8 d,测试结果如图 2.7—图 2.10 所示。

需要说明的是,在养护期,随着 RPC 强度的发展,其弹性模量也在发展,由于试件中钢筋和钢板可能对收缩产生约束,因此,通过千分表测试得到的并非收缩应变,而是收缩应变与收缩导致的截面自应变之和。为此,采用组合结构收缩自应变的计算方法反演计算了收缩应变。在图中,标明"实测"者为千分表测量的应变结果,即收缩应变与收缩自应变之和(以下简称"测试应变"),未标明者为反演计算的自由收缩应变,两者之差则为收缩自应变,该应变将产生收缩自应力。

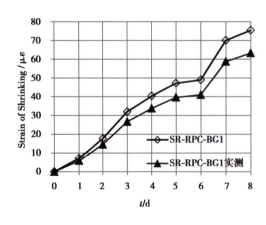

图 2.7　加筋板养护期自收缩应变(1)

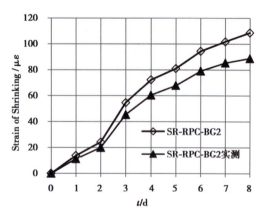

图 2.8　加筋板养护期自收缩应变(2)

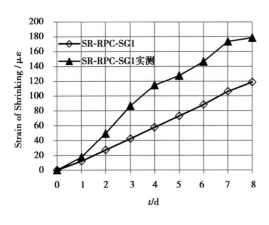

图 2.9　组合板养护期自收缩应变(1)

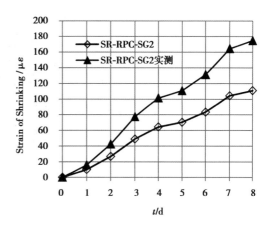

图 2.10　组合板养护期自收缩应变(2)

从图中可知,在养护初期(1~2 d),测试应变与自由收缩应变较为接近,这表明,此时 UHPC 弹性模量较小,钢板、钢筋对 UHPC 收缩变形的约束较小,收缩自应变很小。随着养护时间的增加,测试应变和自由收缩应变的差距逐渐增大,这表明,随着 UHPC 弹性模量的增加,钢板和钢筋的约束效应逐渐显现,也表明对加筋结构和组合结构,标养期间是存在约束自应力的,且约束自应力随着养护时间的增加逐渐增加。

由于内部约束条件不同,加筋板和组合板的测试应变发展规律不同。

对加筋试件,纵向钢筋布置在轴心处,直接约束了 UHPC 的纵向收缩,测试应变总是小于收缩应变,而且随着 UHPC 弹性模量的增长,测试应变与收缩应变的差距逐渐增大,显然这一差距即为 UHPC 中的收缩自应变,且为拉应变,这与组合结构收缩自应力计算理论的认识是一致的。进一步的计算表明,养护期为 7 d 时,BG1 试件 RPC 中的收缩拉应力为 0.49 MPa,BG2 试件的收缩拉应力为 0.80 MPa,已不可忽略。

对叠合板试件,钢板对 UHPC 的约束为偏心约束,除轴向约束外,还将附加偏心力矩的作用,测试应变为自由收缩应变、轴向约束应变和偏心力矩应变之和。本次试验,偏心力矩较大,轴向约束应变和偏心力矩应变叠加的结果使得 UHPC 顶面产生压应变,该应变的方向与收缩应变相同,测试应变总是大于自由收缩应变,而且随着 UHPC 弹性模量的发展,两者的差距逐渐增大。进一步的计算表明,养护期为 7 d 时,SG1 试件 RPC 中的收缩拉应力为 2.4 MPa,UHPC-SG2 试件的收缩拉应力为 2.6 MPa,也不可忽略。需要补充说明的是,虽然自收缩对 UHPC 顶面产生的效应为压应力,但对 RPC 底面其效应却是拉应力,计算表明,7 d 时,RPC 底部的附加拉应力可达 2.0 MPa。

需要指出的是,测试及反演计算表明,本次试验的 4 个试件中,除 BG1 的自收缩较小外,其余 3 个试件的自收缩应变相差不大,5 d 龄期的自收缩约为 75 $\mu\varepsilon$,7 d 的自收缩应变为 110~120 $\mu\varepsilon$,对比其他文献,这一自收缩值较其他配方的 200~400 $\mu\varepsilon$ 要小得多,在一定程度上验证了该配方具有低收缩的优点。

早期自收缩测试完成后,在恒温室内进行长期收缩测试,测试时间共 375 d,试件情况如图 2.11 所示,测试结果如图 2.12 所示,为消除测试误差,图中给出了 4 个试件收缩测试结果的均值。

图 2.11 长期收缩测试

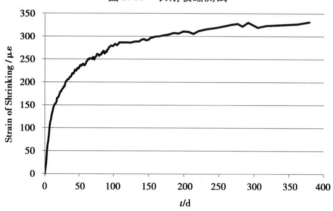

图 2.12 低收缩 UHPC 长期收缩测试结果

由上图可知,采用改进后的低收缩 UHPC 配方,375 d 收缩量为 331 με,与普通混凝土基本相当,仅为常规 UHPC 的 40% ~50%,大大减小了收缩,为免蒸养提供了良好的条件。

2.1.3 主要力学指标验证

为了验证常规养护 UHPC 的力学性能,研究中对上述配方的 UHPC 进行了常规养护和加热养护的对比试验(表 2.1、表 2.2),考察的指标包括弯曲初裂强度和抗压强度,其中,常规养护时间为 28 d,加热养护时间为 72 h。

表 2.1 UHPC 弯曲初裂对比

标准养护			加热养护		
试件编号	开裂应力/MPa	本组初裂强度/MPa	试件编号	开裂应力/MPa	本组初裂强度/MPa
C1	13.65		FR1	13.51	
C2	14.7	14.45	FR2	14.41	13.91
C3	15		FR3	13.81	

续表

标准养护			加热养护		
试件编号	开裂应力 /MPa	本组初裂 强度/MPa	试件编号	开裂应力 /MPa	本组初裂 强度/MPa
C4	14.1		FR4	13.50	
C5	15.3	13.9	FR5	13.53	13.71
C6	12.3		FR6	14.10	
C7	14.55		FR7	13.47	
C8	14.7	14.2	FR8	14.73	13.90
C9	13.35		FR9	13.50	
C10	12.3		FR10	15.01	
C11	12.9	12.8	FR11	14.85	14.75
C12	13.2		FR12	14.40	
C13	12.3		FR13	13.50	
C14	14.1	13.7	FR14	14.71	14.21
C15	14.7		FR15	14.41	
初裂强度均值		13.8	初裂强度均值		14.1

表 2.2　UHPC 立方体抗压试验结果（养护方式：标准养护）

组号	常规养护		加热养护	
	强度值/MPa	平均值/MPa	强度值/MPa	平均值/MPa
第 1 组	185.0		196.7	
	185.1	185.07	191.3	191.30
	185.1		185.9	
第 2 组	184.40		186.7	
	186.10	178.03	180.5	183.50
	163.60		183.3	
第 3 组	180.10		188.1	
	185.00	183.40	189.3	189.57
	185.10		191.3	
第 4 组	177.80		188.4	
	160.30	172.73	196.7	190.13
	180.10		185.3	

续表

组号	常规养护		加热养护	
	强度值/MPa	平均值/MPa	强度值/MPa	平均值/MPa
第5组	152.00	162.97	194.2	183.57
	173.30		184.3	
	163.60		189.7	
5组平均值	176.4		5组平均值	187.6

由以上两表的对比可知,常规养护时间的弯曲初裂强度和抗压强度均较加热养护略低,但相差较小,验证了本书研究的低收缩配合比可以采用常规养护方式。这一制备技术的研发克服了 UHPC 依赖蒸养的问题,将 UHPC 的应用范围拓展至现浇结构中。

2.2 弯曲初裂应力的提升

弯曲初裂应力的提升依赖于钢纤维配合比的优化。本书在低收缩配方的基础上,进一步进行了混合纤维纤维率 2.3%、混合纤维纤维率 2.6%、无纤维、单一粗纤维 2.5%、单一细纤维 2.5%、单一细纤维 2.0% 等 7 种纤维的试验,期望通过纤维的优化获得较高的弯曲初裂应力。其中 MR1 为标准试件,采用粗细、长短不同的两种纤维混合;MR2 也采用粗细、长短不同的两种纤维混合,但在 MR1 的基础上增加了粗纤维的长度和直径;MR3 为无纤维的 UHPC;MR4 的纤维配置方式同 MR1,但将纤维掺量降低至 2.3%,其余 3 种配合比为单一纤维。试验方法按相关规范执行,初裂按第一位移突变点确定,试验结果见表 2.3。

表 2.3 UHPC 配合比设计试验结果

配合比编号	初裂强度/MPa		抗折强度/MPa		立方体抗压/MPa		弹性模量/GPa	
	试件号	强度值	试件号	强度值	试件号	强度值	试件号	弹模值
MR1(混合纤维,纤维率 2.6%)	FR1-1	13.51	BR1-1	28.81	BP1-1	171.40	MR1-1	45.1
	FR1-2	14.41	BR1-2	25.51	BP1-2	182.00	MR1-2	48.9
	FR1-3	13.81	BR1-3	27.91	BP1-3	177.60	MR1-3	45.1
	FR1-4	13.50	BR1-4	25.40	BP1-4	185.80	MR1-4	51.1
	FR1-5	13.53	BR1-5	29.10	BP1-5	171.70	MR1-5	50.5
	FR1-6	14.10	BR1-6	25.80	BP1-6	176.00	MR1-6	52.9
	FR1-7	13.47	BR1-7	27.50	BP1-7	181.50	MR1-7	51.4
	FR1-8	14.73	BR1-8	30.90	BP1-8	170.20	MR1-8	52.9
	FR1-9	13.50	BR1-9	28.80	BP1-9	182.20	MR1-9	50.7
	均值	13.84	均值	27.75	均值	177.60	均值	49.84
	标准差	0.47	标准差	1.88	标准差	5.63	标准差	2.95

配合比编号	初裂强度/MPa		抗折强度/MPa		立方体抗压/MPa		弹性模量/GPa	
	试件号	强度值	试件号	强度值	试件号	强度值	试件号	弹模值
MR2（混合纤维，纤维率2.6%，在MR1 基础上加长、加粗了粗纤维）	FR2-1	14.85	BR2-1	31.10	BP2-1	181.60	MR2-1	54.5
	FR2-2	14.70	BR2-2	35.17	BP2-2	172.70	MR2-2	47.1
	FR2-3	14.14	BR2-3	31.12	BP2-3	174.40	MR2-3	48.4
	FR2-4	15.15	BR2-4	30.35	BP2-4	178.10	MR2-4	47.9
	FR2-5	13.05	BR2-5	32.25	BP2-5	182.00	MR2-5	53.8
	FR2-6	14.28	BR2-6	29.63	BP2-6	177.40	MR2-6	49.24
	FR2-7	13.81	BR2-7	29.12	BP2-7	186.50		
	FR2-8	14.01	BR2-8	28.01	BP2-8	166.00		
	FR2-9	13.82	BR2-9	31.21	BP2-9	183.80		
	均值	14.20	均值	30.80	均值	178.06	均值	50.16
	标准差	0.64	标准差	2.05	标准差	6.33	标准差	3.18
MR3（无纤维）	FR3-1	9.00	开裂即折断		BP3-1	166.2	MP3-1	47.17
	FR3-2	8.43			BP3-2	184.4	MP3-2	50.44
	FR3-3	9.17			BP3-3	189.9	MP3-3	46.85
	FR3-4	10.21						
	FR3-5	8.55						
	FR3-6	10.54						
	均值	9.32			均值	180.17	均值	47.15
	方差	0.79						
MR4（混合纤维，纤维同MR1纤维率2.3%）	FR4-1	12.60	BR4-1	29.39	BP4-1	164.92	MR4-1	52.5
	FR4-2	13.65	BR4-2	25.80	BP4-2	173.02	MR4-2	45.1
	FR4-3	12.75	BR4-3	29.85	BP4-3	155.09	MR4-3	49.7
	FR4-4	13.81	BR4-4	24.40	BP4-4	192.24	MR4-4	48
	FR4-5	13.22	BR4-5	28.20	BP4-5	161.24	MR4-5	48.8
	FR4-6	13.50	BR4-6	26.80	BP4-6	185.22	MR4-6	45.6
	均值	13.26	均值	27.41	均值	171.95	均值	48.01
	标准差	0.49	标准差	2.12	标准差	13.15	标准差	2.50

续表

配合比编号	初裂强度/MPa		抗折强度/MPa		立方体抗压/MPa		弹性模量/GPa	
	试件号	强度值	试件号	强度值	试件号	强度值	试件号	弹模值
MR5(单一长纤维,纤维率2.5%)	FR5-1	10.40	BR5-1	21.91	BP5-1	167.87	MR5-1	45.79
	FR5-2	10.70	BR5-2	22.91	BP5-2	171.54	MR5-2	49.94
	FR5-3	10.00	BR5-3	20.41	BP5-3	182.63	MR5-3	47.77
	FR5-4	11.40	BR5-4	20.71				
	FR5-5	11.10	BR5-5	23.61				
	FR5-6	12.50	BR5-6	23.11				
	均值	11.02	均值	22.11	均值	174.01	均值	47.83
	标准差	0.88	标准差	1.33				
MR6(单一短纤维,纤维率2.5%)	FR6-1	12.304 92	BR6-1	17.9	BP6-1	176.50	MR6-1	46.1
	FR6-2	12.454 98	BR6-2	16.5	BP6-2	166.40	MR6-2	48.4
	FR6-3	11.104 44	BR6-3	15.9	BP6-3	183.80	MR6-3	48.7
	FR6-4	12.004 8	BR6-4	19.3				
	FR6-5	12.605 04	BR6-5	20.4				
	FR6-6	11.004 2	BR6-6	18.7				
	均值	11.91	均值	18.12	均值	175.57	均值	47.44
	标准差	0.69	标准差	1.70				
MR7(混合纤维,纤维同MR1纤维率2.0%)	FR7-1	14.3	BR7-1	27.2	BP7-1	190.71	MR7-1	45.81
	FR7-2	11.1	BR7-2	21.6	BP7-2	178.31	MR7-2	48.9
	FR7-3	13.1	BR7-3	24.3	BP7-3	182.41	MR7-3	50.41
	FR7-4	12.0	BR7-4	21.6	BP7-4	177.59	MR7-4	48.54
	FR7-5	12.5	BR7-5	24.9	BP75	175.54	MR7-5	47.61
	FR7-6	12.9	BR7-6	22.2	BP7-6	191.57	MR7-6	51.3
	均值	12.6	均值	23.6	均值	182.69	均值	48.76
	标准差	1.07	标准差	2.22	标准差	6.32	标准差	1.79

从试验结果可知,不配置钢纤维的 UHPC 具有较高的抗压强度和较高的弹性模量,弯曲初裂强度可达 8.4～10.5 MPa,但破坏较为突然。在弯曲试验中,往往是开裂即折断,而且伴随有较大的响声,脆性材料的特点十分明显,因此在 UHPC 中配置钢纤维是必须的。

从纤维率来分析,纤维掺量提高,弯曲初裂和抗折强度均提高,从试验结果来看采用 2.0% 以上纤维掺量时(MR1、2、4),弯曲初裂和抗折强度相差均不大。

对比 MR1、MR2 和 MR5、MR6 可知,采用两种纤维混合时,抗压强度、弹性模量与单一纤维相比,变化不大,但 MR1、MR2 无论是弯曲初裂强度还是抗折强度均较 MR5、MR6 明显提高,这是由于粗纤维具有更高的抗拉能力,可以明显提高变形能力和抗折强度,但相同质量下粗纤维根数偏少,纤维分布的均匀性不如细纤维;而细纤维根数多,分布均匀,但单根的抗拉能力弱,粗细纤维搭配,两者相互补充,可获得较好的材料力学性能。根据试验结果,推荐采用混合纤维方案。

对比 MR1 和 MR2 可知,增加粗纤维的长度和直径对初裂强度影响不大,但抗折强度提高明显,而且 MR2 配合比拥有较 MR1 更好的变形能力(图 2.13—图 2.16),最大变形可达 16 mm,而且开裂后刚度变化缓慢,荷载-位移曲线顶部较为圆滑,有明显的应变硬化过程,而 MR1 配比达到最大荷载后,曲线下降快速,延性和变形能力不如 MR2,仅从力学性能来看,MR2 优于 MR1。但研究中注意到,粗纤维长度和直径增加后,UHPC 的和易性和流动性有所降低,试件的表观质量不如 MR1(图 2.17、图 2.18),且纤维数量的减少,使得纤维分布的偶然性有所增大,这从抗折强度的方差可以看出。

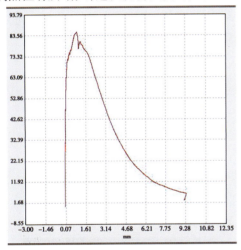

图 2.13　FR1-5 小梁弯曲荷载-位移曲线

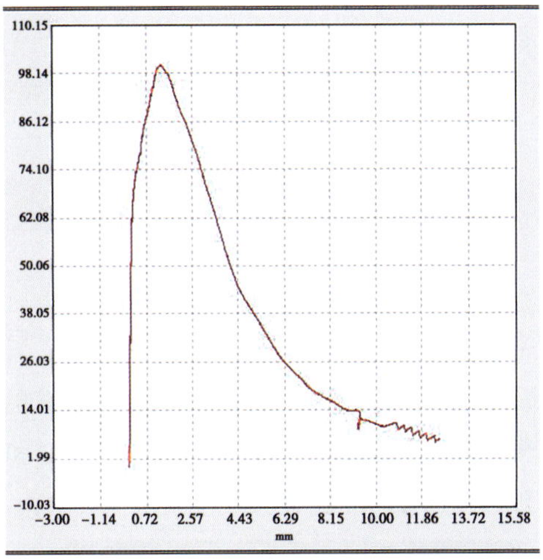

图 2.14　FR1-4 小梁弯曲荷载-位移曲线

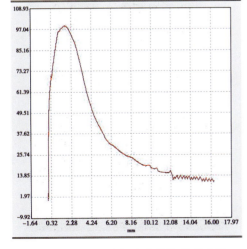

图 2.15　FR2-6 小梁弯曲荷载-位移曲线

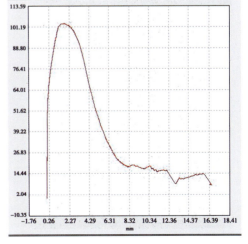

图 2.16　FR2-3 小梁弯曲荷载-位移曲线

注:纵坐标为荷载,单位为 kN;横坐标为位移,单位为 mm。

图 2.17　MR1 配合比试件外观

图 2.18　MR2 配合比试件外观

对钢-UHPC 桥面板,变形性能是相对次要的指标,更为重要的是材料的抗裂能力,而且 UHPC 的和易性和流动性直接影响施工质量,从这点来说,MR1 更具优势。综合考虑,建议采用 MR1 配合比。

本书其余研究均基于 MR1 配合进行,该配合比采用粗、细纤维混合的方式,纤维率为 2.6%,塌落度为 210 mm,养护方式采用标准养护。

2.3　UHPC 材料性能

2.3.1　力学性能

根据大纲要求,依据相关规范进行系统的 UHPC 力学性能试验,包括立方体抗压、受压弹性模量、泊松比、弯曲初裂强度、抗折强度和弯曲韧性(图 2.19—图 2.22),结果见表 2.4—表 2.10。其中,弯曲初裂强度根据规范,由第一位移突变点来确定(图 2.23)。

图 2.19　抗压试验

图 2.20　弹性模量试验

图 2.21　抗折试验

图 2.22　弯曲初裂及弯曲韧性试验

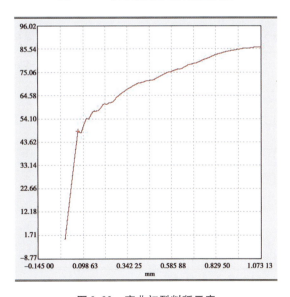

图 2.23　弯曲初裂判断示意

表 2.4 UHPC 立方体抗压试验结果（养护方式:标准养护）

组号	强度值/MPa	平均值/MPa	组号	强度值/MPa	平均值/MPa
第1组	185	185.07	第6组	185.90	179.03
	185.1			186.30	
	185.1			164.90	
第2组	184.40	178.03	第7组	178.90	177.87
	186.10			180.50	
	163.60			174.20	
第3组	180.10	183.40	第8组	172.10	175.20
	185.00			168.30	
	185.10			185.20	
第4组	177.80	172.73	第9组	180.40	178.47
	160.30			169.70	
	180.10			185.30	
第5组	152.00	162.97	第10组	181.20	183.57
	173.30			184.30	
	163.60			185.20	
10 组平均值	177.1	10 组标准差	9.3	95%保证率强度值	163.1

表 2.5 UHPC 弹性模量试验结果（养护方式:标准养护）

试件编号	单个试件弹性模量/GPa	本组弹性模量/GPa
M1	53.2	52.9
M2	52.2	
M3	53.5	
M4	43.3	45.8
M5	45.3	
M6	48.8	
M7	51.2	51.3
M8	48.3	
M9	54.5	

续表

试件编号	单个试件弹性模量/GPa	本组弹性模量/GPa
M10	49.7	49.8
M11	51.9	
M12	47.7	
M13	46.9	49.6
M14	48.1	
M15	53.8	
均值/GPa	49.9	
标准差	3.3	
95% 保证率弹模	44.9	

表 2.6　UHPC 泊松比试验结果（养护方式：标准养护）

试件编号	单个试件泊松比	本组泊松比
PS1-1	0.24	0.21
PS1-2	0.19	
PS1-3	0.21	
PS2-1	0.23	0.23
PS2-2	0.22	
PS2-3	0.24	
PS3-1	0.22	0.23
PS3-2	0.22	
PS3-3	0.24	
均值	0.22	
标准差	0.02	

表 2.7　UHPC 弯曲初裂试验结果（养护方式：标准养护）

试件编号	开裂应力/MPa	本组初裂强度/MPa
C1	13.65	14.45
C2	14.7	
C3	15	

续表

试件编号	开裂应力/MPa	本组初裂强度/MPa
C4	14.1	
C5	15.3	13.9
C6	12.3	
C7	14.55	
C8	14.7	14.2
C9	13.35	
C10	12.3	
C11	12.9	12.8
C12	13.2	
C13	12.3	
C14	14.1	13.7
C15	14.7	
初裂强度均值		13.8
标准差		1.0
95% 保证率初裂强度		12.3

表 2.8 UHPC 抗折强度试验结果(养护方式:标准养护)

试件编号	抗折强度/MPa	本组抗折强度/MPa
B1-1	25.8	
B1-2	26.4	27.15
B1-3	29.25	
B2-1	27	
B2-2	23.1	24.7
B2-3	24	
B3-1	23.7	
B3-2	22.5	23.4
B3-3	24	
B4-1	24.9	
B4-2	24.9	25.95
B4-3	28.05	

续表

试件编号	抗折强度/MPa	本组抗折强度/MPa
B5-1	22.8	
B5-2	25.5	24
B5-3	23.7	
抗折强度均值	25.0	
标准差	2.0	
95% 保证率抗折强度	22.1	

表 2.9　UHPC 弯曲韧性试验结果(养护方式:标准养护)

试件编号	I_5	I_{10}	I_{20}
TR1	5.32	11.88	26.79
TR2	5.46	12.27	28.03
TR3	4.74	10.65	24.51
TR4	4.12	10.09	22.90
TR5	4.98	10.64	23.54
TR6	4.15	9.49	21.48
TR7	4.64	10.10	22.61
TR8	4.88	10.45	24.07
TR9	4.70	10.54	23.97
均值	4.78	10.68	24.21
标准差	0.5	0.9	2.1

表 2.10　UHPC 力学性能试验结果汇总(标准养护)

立方体抗压/MPa	受压弹性模量/GPa	弯曲初裂强度/MPa	抗折强度试验/MPa	泊松比	弯曲韧性指数		
					I_5	I_{10}	I_{20}
177.1±9.3	59.9±3.3	13.8±1.0	25.0±2.0	0.22±0.02	4.8±0.5	10.7±0.9	24.2±2.1

　　试验表明,UHPC 具有超高的抗压强度、弯曲抗拉强度和较高的弹性模量,本次试验的立方体抗压强度均值达 177 MPa,弯曲初裂强度均值达 13.8 MPa,弹性模量均值达 59.9 GPa。从韧性指数来看,UHPC 的韧性基本与 RPC200 持平,具有良好的韧性。值得一提的是,在弯曲韧性试验中采用位移加载,试件的底面裂缝可达数毫米乃至 10 mm 以上(图 2.24),此时残余截面仍能维持平衡,在试件顶面受压区甚至可看到 UHPC 压碎的现象(图 2.25),这从另一个角度说明了 UHPC 良好的裂缝约束能力、变形能力和韧性。

图 2.24　破坏的弯曲初裂及弯曲韧性试件

图 2.25　弯曲试验中可观察到受压区压碎的现象

试件荷载位移曲线如图 2.26—图 2.29 所示。

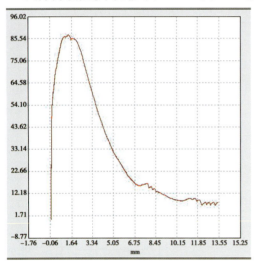

图 2.26　TR1-1 试件荷载-位移曲线

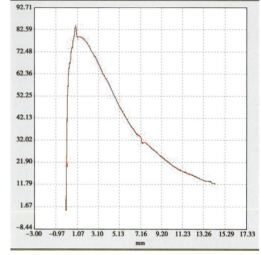

图 2.27　TR1-4 试件荷载-位移曲线

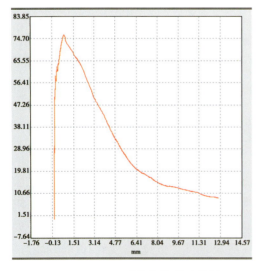

图 2.28　TR1-6 试件荷载-位移曲线

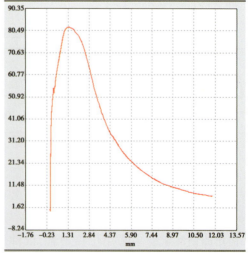

图 2.29　TR1-8 试件荷载-位移曲线

按照 MR1 配合比,UHPC 的力学性能明显优于普通混凝土,其超高的抗压强度和较高的弹性模量,为减小桥面板的 UHPC 层厚度、减轻结构质量创造了条件;较普通混凝土高得多的抗拉强度,较好地克服了钢-混组合正交异性桥面板混凝土层易开裂的问题。

2.3.2　UHPC 长期性能试验

本书进行了较为系统的长期性能试验,主要包括抗水渗透试验、抗氯离子渗透试验、碳化试验、冻融剥离试验、收缩试验、徐变试验(图 2.30—图 2.32)。

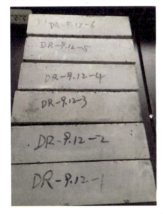

图 2.30　冻融剥离试验(快冻法)

图 2.31　碳化试验

图 2.32　抗氯离子渗透试验(电通量法)

所有试验均按规范《普通混凝土长期性能和耐久性能试验方法标准》(GB/T 50082—2019)进行,其中,冻融剥离试验采用快冻法,抗氯离子渗透试验采用电通量法,主要结果见表 2.11。结果表明,UHPC 的耐久性指标明显优于普通混凝土。

表 2.11　UHPC 耐久性能试验结果汇总

抗水渗透	抗氯离子渗透试验	碳化	冻融剥离
大于 P20	41.5 C/电通量	0.3 mm/28 d	质量损失率 2%,相对动弹模 96.4%

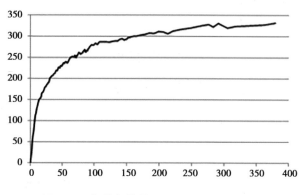

图 2.33　标养低收缩 UHPC 379 d 收缩结果

综合 UHPC 力学性能和长期性能的试验结果可知,钢纤维掺量为 2.6% 的标养 UHPC 抗压强度可达 177 MPa,弯曲初裂强度可达 13.8 MPa,受压弹性模量可达 45 GPa 左右,1 年期收缩值小于 340 $\mu\varepsilon$,韧性良好。该配合比具有弹性模量大、初裂强度高的特点,十分适合钢-UHPC 桥面板对 UHPC 低收缩、免蒸养的要求。

第3章 钢板与 UHPC 的连接构造

3.1 栓钉剪力连接件推出试验

3.1.1 试验方法

1)试件构造

试验采用推出试验的形式,试件尺寸和试验方法参考 EC4 标准推出试验。这是国际公认的评价剪力钉力学性能的试验方法。试件的形式如图 3.1—图 3.3 所示,构造如图 3.4 所示。

需要注意的是,EC4 中的标准推出试验是针对普通混凝土的,普通混凝土桥面板厚度较大,EC4 的标准推出试验中混凝土板的厚度达到 150 mm,远大于本书中钢-UHPC 组合桥面板的低收缩 UHPC 桥面板的厚度。为使试件尽量与本书提出的桥面结构一致,将低收缩 UHPC 板的厚度减小至 55 mm。

此外,在 EC4 标准推出试验中采用的是强度为 450 MPa 的螺纹钢筋,钢筋直径 10 mm,钢筋间距为 150 mm×150 mm。对本试验研究中,低收缩 UHPC 桥面板中所配钢筋采用 HRB400、直径 10 mm,钢筋间距按 EC4 确定,也为 150 mm×150 mm。

图 3.1 已入模的钢结构试件

图 3.2 剪力钉推出试验钢筋网片

图 3.3　等待浇筑的推出试验试件

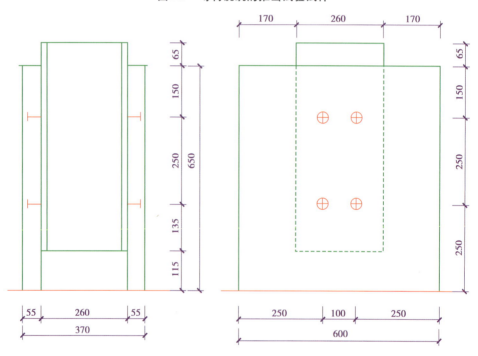

图 3.4　剪力钉力学性能试验试件构造(单位:mm)

根据现有研究,初步选定 10 mm×35 mm 剪力钉。本次试验的目的为测试该剪力钉在低收缩 UHPC 中的力学性能,仅制作 1 组试件,见表 3.1。

表 3.1　连接件试件一览表

试件类别	混凝土标号	剪力钉直径/mm	剪力钉焊后长度/mm	试件数量
ST35-10	低收缩 UHPC160	10	35	6
ST36-9	低收缩 UHPC160	9	36	3

2）加载及测试方法

在工程实践中，要求连接件具有较高的承载能力，同时应具有良好的延性。本次试验的测试内容主要包括荷载、钢-混凝土相对滑移两个方面（图 3.5、图 3.6）。

由于试件尺寸不大，可采用千斤顶加载。荷载可直接由压力传感器读出，滑移通过位移计测量，在钢板侧面对应于连接件位置处安装位移计，并布置反力片，为位移计提供支撑，以此量测钢和混凝土的相对滑移。

加载方法按 EC4 标准推出试验进行，其加载流程如下：

①首先加载至预估的破坏荷载 40%，然后在 5%～40% 的破坏荷载范围内反复加载 4～25 次，消除黏结和其他非弹性变形的影响。

②第 1、2 级荷载的加载步长为 50 kN，自第 3 级加载步长减小至 20 kN，继续加载直至破坏以测试荷载-滑移曲线。

③每一级荷载稳载 5～10 min，在试件屈服后的变形快速发展段，稳载时间可适当延长，以位移发展基本稳定为稳载标准。

④每一级荷载稳载后测试钢构件与混凝土板之间的相对滑移，描绘出荷载滑移曲线。

⑤观察钢板与混凝土板的分离情况。

图 3.5　加载方式

图 3.6　滑移测量

3.1.2　荷载-滑移特性分析

如图 3.7—图 3.15 所示给出了各试件的荷载滑移曲线，其中纵坐标为单个剪力钉承担的荷载。低收缩 UHPC 中的剪力钉没有明显的弹性工作阶段，在荷载不大时，即表现出一定的弹塑性性质，滑移的发展较荷载的增加要快，但滑移的发展较为稳定，在滑移量达到 0.2～0.3 mm，荷载-滑移曲线有明显的弯折，在其后的 2～3 级荷载后，滑移快速发展，在荷载增加不大的情况下，滑移量增量可达近 1 mm。表现出屈服的现象，偏安全，可将滑移量为 0.2 mm 时定义为屈服点，该滑移量对应的荷载定义为屈服荷载。

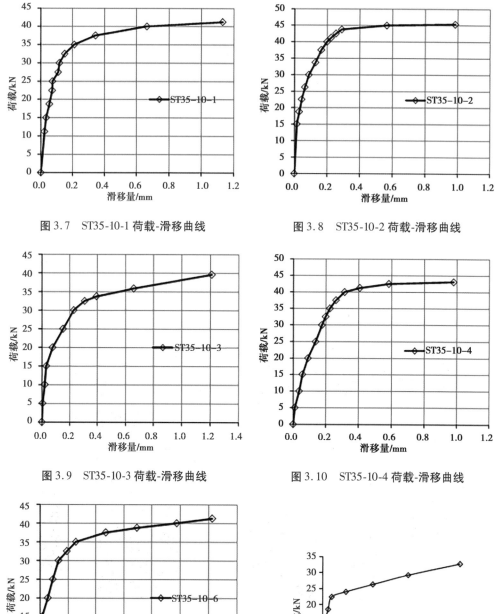

图 3.7　ST35-10-1 荷载-滑移曲线　　　图 3.8　ST35-10-2 荷载-滑移曲线

图 3.9　ST35-10-3 荷载-滑移曲线　　　图 3.10　ST35-10-4 荷载-滑移曲线

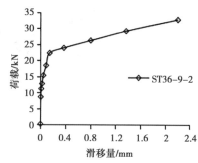

图 3.11　ST35-10-6 荷载-滑移曲线　　　图 3.12　ST36-9-1 试件荷载-滑移曲线拟合

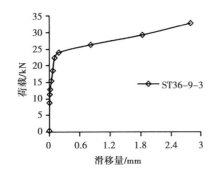

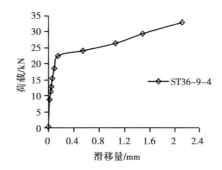

图 3.13　ST36-9-2 试件荷载-滑移曲线　　图 3.14　ST36-9-3 试件荷载-滑移曲线

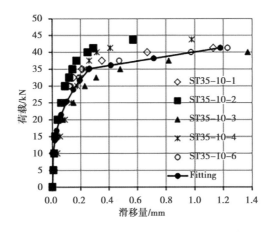

图 3.15　荷载-滑移曲线拟合

根据试验所测的荷载-滑移曲线,在此对 RPC 中剪力钉的主要变形特征进行简要分析:

①UHPC 板中的剪力钉滑移量小于普通混凝土中剪力钉滑移量,普通混凝土中剪力钉滑移可达 3 ~ 4 mm,而 UHPC 中剪力钉的极限滑移量为 1 ~ 2 mm。组合结构中剪力钉的变形主要由混凝土的变形及剪力钉自身的变形引起,其中混凝土变形包括弹性变形及局部压碎,随着荷载的增大,混凝土的局部压碎减弱了混凝土对剪力钉的支承作用,导致剪力钉的变形增大。与普通混凝土相比,UHPC 强度和弹性模量较大,在相同条件下,混凝土的弹性变形较小且压碎区域更小,剪力钉变形相应较小。

②UHPC 板中剪力钉表现出一定的延性,有比较明显的塑性变形,可以看作柔性连接件。UHPC 中的剪力钉没有明显的弹性工作阶段,在荷载不大时,材料就发生一定的非线性变形,在屈服后其荷载-滑移曲线有一定台阶,表现出一定的延性。

③UHPC 板中剪力钉极限滑移量离散不大,10 mm×35 mm 的剪力钉均为 1 mm 左右,9mm×36 mm 的剪力钉均为 2 mm 左右。表现出与金属材料较为相似的破坏特征,表明钢-RPC 组合结构中剪力钉的极限变形主要由剪力钉材料的变形决定。

④9 mm×36 mm 的剪力钉极限滑移量大于 10 mm×35 mm,而其极限承载力及屈服强度小于 10 mm×35 mm 的剪力钉。前者的原因是 9 mm×36 mm 的长径比 10 mm×35 mm 大,抗

推刚度较小,增大了剪力钉的自身变形。后者的原因是 9 mm×36 mm 的剪力钉横截面积较 10 mm×35 mm 剪力钉减小了约 20%,剪力钉与混凝土间的承压面积减小导致局部应力增大,承载力降低。

3.1.3 破坏形态及承载能力

在普通混凝土中,剪力钉的破坏形态有 3 种:其一为混凝土局部承压破坏,此类破坏往往伴随有混凝土的劈裂,剪力钉一般未被剪断;其二为剪力钉的剪断,这一破坏形态通常出现在高强混凝土中;其三为拔出破坏,这一破坏形态通常出现在剪力钉长度与直径之比小于 4 的情况,是规范不允许出现的破坏形态。

本次试验的 6 个试件的破坏形态均为剪力顶被剪断,即上述破坏形态中的第二类破坏形态。从图 3.16—图 3.26 中可知,所有的试件的低收缩 UHPC 板完好,未见劈裂裂缝,剪断后的剪力钉留置于低收缩 UHPC 板内,未见有剪力钉拔出时钉周边混凝土爆裂的现象。这些现象均表明,剪力钉的破坏形态为剪断。

图 3.16　ST35-10-1 破坏后钢结构

图 3.17　ST35-10-1 破坏后混凝土板

图 3.18　剪力钉被剪断后钢结构表面

图 3.19　剪力钉被剪断后混凝土板表面

图 3.20　ST35-10-2 破坏后钢结构

图 3.21　ST35-10-2 破坏后低收缩 UHPC 板

图 3.22　剪力钉剪断面-钢板侧

图 3.23　剪力钉剪断面-SR-TPC 侧

图 3.24　ST35-10-4 破坏后钢结构

图 3.25　ST35-10-4 破坏后低收缩 UHPC 板

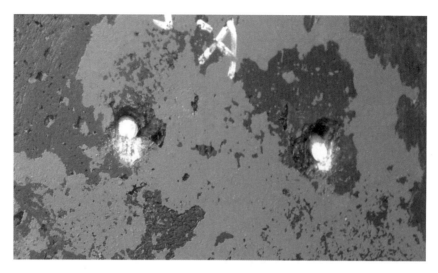

图 3.26 ST35-10-5 破坏后低收缩 UHPC 板

从图 3.18、图 3.19 和图 3.22、图 3.23 中可知,所有剪力钉剪断面整齐、光滑,表明剪力钉的破坏主要为剪力所致。剪力钉的破断位置一般在焊趾上端,为剪力钉剪断,并非焊接破坏。

试验中观察了低收缩 UHPC 板与钢结构的分离情况,未见有明显分离。这是由于本次试验剪力钉的长径比(剪力钉焊后长度与剪力钉的直径之比)仅 3.5,轴向变形较小。

根据上文推出试验的现象可知,RPC 作为高强度、低脆性的新型材料,较普通混凝土而言,其破坏形态必然会有所区别。RPC 板中剪力钉的破坏形式主要是剪力钉的拉剪破坏,即上述的第二种破坏形态。如图 3.16—图 3.26 所示,由于 RPC 的高抗压强度以及高弹模,RPC 板保持完好,几乎不会出现局部承压破坏。由于推出试件中 RPC 板厚度仅有 55 mm,剪力钉长度受限,因此剪力钉长径比没有达到规范要求,但由图可知,本试验中剪力钉没有发生第 3 类拔出破坏。在普通混凝土中会出现拔出破坏,是由于混凝土抗拉强度较低,在剪力钉局部压力产生的主拉应力作用下,混凝土开裂并发生冲切破坏。而低收缩 UHPC 抗拉强度远高于混凝土,在主拉应力作用不会开裂,也不会发生冲切破坏。

对长径比小于 4 的短粗剪力钉,在 UHPC 中工作时不会发生拔出破坏,无须满足长径比大于 4 的要求。

对极限承载力,如前文所述,当滑移量发展到一定程度后,滑移量发展速度加快,此时进入屈服阶段,取此时滑移量所对应荷载为屈服荷载。与常规定义方式相同,本书也定义剪力钉的破坏荷载为剪力钉承受的最大荷载,即极限强度。表 3.2 中列出了各试件的屈服荷载和破坏荷载。

表 3.2　剪力钉屈服荷载及破坏荷载

试件编号	屈服荷载 /kN	单个钉屈服荷载 /kN	单个钉屈服荷载均值/kN	破坏荷载 /kN	单个钉破坏荷载 /kN	单个钉破坏荷载均值/kN	单个屈强比（屈服荷载/破坏荷载）
ST35-10-1	276.8	34.6		336.8	42.1		
ST35-10-2	320	40		362.4	45.3		
ST35-10-3	232.8	29.1	33.82	316.8	39.6	42.3	0.8
ST35-10-4	260	32.5		344.8	43.1		
ST35-10-6	263.2	32.9		332	41.5		
ST36-9-1	180	27.6		296.0	37.0		
ST36-9-2	180	31.1	28.7	280.0	35.0	36.1	0.8
ST36-9-3	180	28.3		280.0	35.0		
ST36-9-4	180	27.9		295.0	36.9		

由上表可知,本试验测得 10 mm×35 mm、9 mm×36 mm 的剪力钉屈强比(屈服荷载/极限荷载)均为 0.8,本书剪力钉采用的钢材为 4.8 级 ML15 钢,屈服强度为 320 MPa,极限强度为 400 MPa,其理论屈强比为 320/400=0.8,与试验测得屈强比相同。表明剪力钉的承载能力基本由剪力钉自身材料决定,这与其破坏形态为剪断一致。

3.2　UHPC 中剪力钉极限承载力及滑移计算

3.2.1　剪力键承载的剪力-摩擦理论

钢-UHPC 组合结构中剪力钉的承载力主要来自两个部分:一部分是弹性地基梁模型中剪力钉的插销作用;另一部分是钢-UHPC 结合面间的剪力摩擦效应。剪力-摩擦,是钢-混结合面摩擦力传递剪力的力学行为,可称为"界面剪力传递"。以往文献研究表明,钢-UHPC 结合面间的剪力传递是一个复杂的作用过程,与 UHPC 与钢板的粗糙程度、剪力钉和周边 UHPC 的变形性能都紧密相关。这里基于剪力键承载的剪力-摩擦理论,分别对剪力钉的插销作用和钢-UHPC 结合面的剪力-摩擦效应进行研究。

1)剪力钉受力状态

在外荷载作用下,剪力钉受到钢梁通过焊缝传来的剪力、弯矩作用及混凝土的反力作用,其根部处于拉-弯-剪的复合受力形式。其受力的状态可近似看成弹性地基梁,混凝土可近似看成弹性地基,具体受力如图 3.27 所示。在集中荷载作用下,该地基梁在剪力钉根部有较大的竖向位移,使栓钉产生如图 3.27 所示沿虚线方向的弯曲趋势。为了约束剪力钉的转动,另一端混凝土产生了与其相反的约束力,即作用在梁上的横向分布力。假设弹性地基与梁始终处于接触状态,则弹性地基梁上可能出现拉应力,但幅值很小。混凝土的约束反力的分布情况如图 3.28 所示。

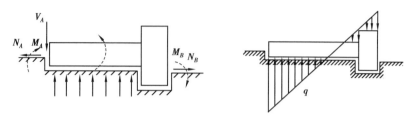

图 3.27　剪力钉受力状态图　　　图 3.28　剪力钉受力分布图

由刘文会的研究可知,随着荷载的增加,靠近钢板处混凝土首先进入塑性,约束反力不再增加,而外部荷载增量由另一侧的混凝土承受,表现为约束反力持续增大。在普通混凝土中,塑性区由根部(A 端)向端部(B 端)扩展,滑移加速增加,当端点完全进入塑性时,端部形成塑性铰,发生局部承压破坏,此时视为栓钉破坏。而 UHPC 由于抗压强度较大,不会发生局部承压破坏,剪力钉根部即 A 端应力最先达到极限值,因此在 UHPC 中剪力钉根部最先发生破坏。

2) 温克尔弹性地基梁理论

早在 1867 年,温克尔就提出了著名的温克尔弹性地基梁模型,其中作了以下假设:当梁发生挠曲时,地基与地基梁表面任意一点上所产生的压强与该点的挠度成正比,即

$$W = \frac{p}{k} \tag{3.1}$$

式中　W——地基表面任一点的挠度,m;

　　　p——弹性地基梁的地基系数,kPa/m,即使地基产生单位挠度所需的压强;

　　　k——单位面积上的压强,kPa。

实际上,温克尔模型是将地基假设为刚性支座上一系列相互独立的弹簧(图 3.29)。每个弹簧是相对独立的,当地基表面上某一点受到压力 P 作用时,只在该点局部范围内产生沉降 y,而其他范围无任何沉降。

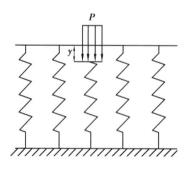

图 3.29　温克尔弹性地基局部模型

根据搁置在弹性地基上的梁的长度不同,将弹性地基梁分为长梁、有限长梁、刚性梁 3 类。当地基梁换算长度 $al \geq 2.75$ 时,地基梁属于长梁,根据荷载作用点不同,将长梁分为无

限长梁和半无限长梁两类。当荷载作用点距离梁两端的换算长度均小于 2.75 时,可以忽略该荷载对梁端的影响,此时梁视为无限长梁;当荷载作用点仅距梁一端的换算长度不小于 2.75 时,可以忽略该荷载对这一端的影响,而对另一端的影响不能忽略,此时梁视为半无限长梁。由于剪力钉在 UHPC 混凝土中的换算长度 $al \geqslant 2.75$,因此可以近似看作搁置在 UHPC 混凝土地基上的半无限长梁。

对于焊接在钢板上的剪力钉而言,其在混凝土中受力模型更接近半无限长弹性地基梁模型。如图 3.30 所示,在外荷载作用下剪力钉产生水平位移及转角,导致剪力钉周围的混凝土受到挤压作用,混凝土必然会产生对剪力钉的横向反力,这种反力起到抵抗外力及稳定栓钉的作用,称为混凝土的弹性抗力。

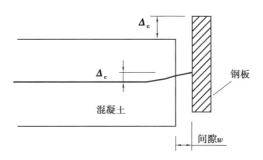

图 3.30　半无限长弹性地基梁模型

受到集中力 V_c 的半无限长弹性地基梁的模型如图 3.31 所示,其荷载-滑移方程为

$$\Delta_c = \frac{V_c}{E_s I_s \lambda^3} e^{-\lambda x} \cos \lambda x \tag{3.2}$$

式中　V_c——弹性地基梁承受的插销合力;

　　　　E_s——弹性地基梁的弹性模量;

　　　　λ——地基模量;

　　　　I_s——弹性地基梁的惯性矩,对直径为 d 的圆形剪力钉,惯性矩 $I_s = \pi r^4 / 64$。

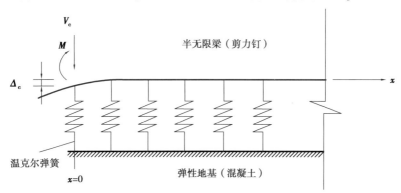

图 3.31　半无限长弹性地基梁弹簧模型

结合以往文献及有限元分析可知插销屈服一般最先发生在钢-混界面附近,本书假设在 0 点处的插销最先发生全截面塑性弯曲屈服,代入式(3.2)可知 $x = 0$ 处弹性地基梁承受的插

销力 V_c 为

$$V_c = E_s I_s \lambda^3 \Delta_c \tag{3.3}$$

由材料力学可知

$$V_c = k_s \Delta_c \tag{3.4}$$

插销的刚度可以表述为

$$k_s = E_s I_s \lambda^3 \tag{3.5}$$

式中　k_s——弹性地基梁(即插销)的刚度;

　　　λ——地基模量,其具体表达式为

$$\lambda = \sqrt[4]{\frac{k_c d}{4 E_s I_s}} \tag{3.6}$$

其中,k_c 为弹性地基(即混凝土)的地基反力系数,可通过 Soroushian 建议的经验公式表示为

$$k_c = \frac{127 c \sqrt{f'_c}}{d^{2/3}} \tag{3.7}$$

式中　f'_c——支承地基(混凝土)的棱柱体抗压强度;

　　　c——与插销间距相关的系数,c 取 0.6 ~ 1.0;

　　　E_s——插销的弹性模量。

以往文献表明,钢筋作为销栓受到的横向力与横向变形之间的关系可近似看成理想的弹塑性关系,极限插销力可以根据 Dulacska 建议的公式计算为

$$V_u = k d^2 \sqrt{f'_c f_y} \tag{3.8}$$

其中,k 值为基于试验结果的经验取值,k 值一般可取 1.27。同时,Vintzeleou 及 Tassios 针对销栓力的抗剪承载作用作了相同的基本假设,他们提出了破坏模型-1,表明剪力钉的破坏标志是混凝土剥落及塑性铰的形成,此外,他们还考虑剪力偏心的作用,并提出 k 值一般取 1.3。

上述文献所提出的公式都是针对钢筋作为插销所承受的剪力,但剪力钉与钢筋都可以作为插销承担一部分剪力,剪力钉在 UHPC 混凝土板中的插销作用与钢筋的插销作用类似。

综上分析,基于半无限弹性地基梁理论,本书剪力钉在钢-UHPC 组合结构中承受的极限插销力 V_u 计算式为

$$V_u = 1.27 d^2 \sqrt{f'_c f_y} \tag{3.9}$$

式中　f'_c——支承地基(混凝土)的棱柱体抗压强度;

　　　f_y——剪力钉的屈服强度;

　　　d——剪力钉的直径。

根据 Von-Mises 屈服准则及 Prujssers 的研究可知,剪力钉屈服时处于拉剪应力状态,拉力的存在必然引起插销力的减小,在剪力钉屈服以前的弹塑性工作阶段,剪力钉的插销作用所承担的承载力有限,有必要继续探讨剪力钉在钢-UHPC 混组合结构中的其他承载因素。

组合结构中剪力钉的承载力除了剪力钉的插销力参与,钢-UHPC 间的剪力摩擦也是影响承载能力的重要因素。钢板与 UHPC 结合面间的剪力-摩擦效应是一个复杂的作用过程。

加载初期,剪力-摩擦由钢板与 UHPC 的化学黏结效应产生,钢板与 UHPC 产生滑动后,两者间化学黏结遭到破坏,此时钢板面不平整与 UHPC 表面凸起构成的咬合作用导致了两者间的摩擦。根据有限元分析可知,剪力钉在轴力作用下发生较大的变形,钢-混界面必然存在一个受压的夹持力来平衡剪力钉的轴力作用,从而应在结合面上产生摩擦力。本节基于以往文献的研究成果,分析通过钢-混结合面间剪力-摩擦效应传递剪力的剪力钉承载机理。

3)库伦-摩擦理论

库伦提出了库伦-摩擦定律,规定了土力学中土的破坏面上剪切应力与界面黏聚力及摩擦力之间的关系,可以将上述摩尔-库伦强度理论推广于钢与混凝土界面,以此简化描述界面间的剪力传递机理,即

$$\tau = c + \sigma \tan \phi \tag{3.10}$$

式中　c——界面的黏聚力;

　　　ϕ——内摩擦角;

　　　σ——界面的法向应力;

　　　τ——界面的剪切应力;

　　　$\tan \phi$——摩擦系数。

其中,界面的黏聚力 c 与界面的粗糙程度有关,摩擦系数 $\tan \phi$ 则与界面的类型紧密相关。

由式(3.10)可知,库伦-摩擦原理认为钢-混接触面间的相互作用包含了接触面间的黏聚力以及摩擦力作用两项。本书给出的剪力-摩擦效应也包含了接触面间的黏聚力和摩擦力两项。但需要注意的是,与传统的库伦-摩擦理论相比,剪力-摩擦理论更为复杂,不仅包含了摩擦效应,还同时兼具有其他的力学特性。

4)界面的静摩擦特征

钢板与混凝土板接触面的黏聚力 V_c 主要来源于钢板与混凝土的黏结效应以及混凝土与钢板微小凹陷突起构成的咬合作用,它与接触面的粗糙程度紧密相关。Sonoda K 等在剪力键承载机理试验中分别采用了粗糙程度不同的试件进行结果的对比分析,当采用花纹钢板作为剪力键的传力母板,试验表明剪力键的承载能力得到了较大提高;而采用开孔板经表面防护处理的无黏结试件,剪力键的承载能力大幅降低,这与界面间的黏聚力降低有关。

Santos 基于界面间的平均粗糙度 R_{vm} 分别给出了结合面黏聚力 c 及摩擦系数 μ 的表达式为

$$c = \frac{1.062 R_{vm}^{0.145}}{\gamma_c} \tag{3.11}$$

$$\mu = \frac{1.366 R_{vm}^{0.041}}{\gamma_f} \tag{3.12}$$

式中　R_{vm}——平均粗糙度,mm;

　　　γ_c、γ_f——分项系数。

从式(3.11)、式(3.12)可知,接触面的黏聚力 c 及摩擦系数 μ 均是与界面粗糙度相关的函数,且接触面越粗糙,两数值越大。将混凝土与钢板界面的粗糙度带入式(3.11)、式(3.12)即可得到界面的黏聚力 c 及摩擦系数 μ。

Eurocode 2 给出了不同接触面类型下黏聚力 c 的经验公式为

$$c = c_0 f_{ct} \tag{3.13}$$

式中 c_0——黏聚力系数,与接触面的粗糙程度紧密有关,钢与 RPC 混凝土间的接触面较为光滑,可取均值 0.062 5。

钢-RPC 混界面的黏聚力公式为

$$V_c = 0.062 \ 5 f_{ct} \tag{3.14}$$

式中 f_{ct}——混凝土的抗拉强度。

5)摩擦力传递机理

由剪力-摩擦理论可知,钢板与混凝土接触界面能够承受切向剪应力。在钢-RPC 混凝土组合结构中,不仅剪力钉的插销作用能对剪力钉的承载能力作一部分贡献,还有钢板与混凝土的接触面间的切向摩擦作用也能承担一部分剪力。

剪力-摩擦理论认为,处于切向剪力和法向压力的双重作用下的钢-混结合面之间将产生摩擦力,其中剪力钉焊接于钢板上的钢-混界面剪力传递模型可简化为"锯齿状模型",如图 3.32 所示。由于结合面间的相对滑移,界面间的裂缝宽度增加,穿过开裂面的剪力钉伸长而受拉,受拉栓钉随之在裂缝界面产生反向夹持力,同时界面间的摩擦使得剪力沿结合面得到传递。

从图 3.32、图 3.33 可知,在剪切受力作用下,钢-混结合面产生沿剪切方向的相对位移 s,在粗糙不平整的结合面上产生"楔形效应",导致结合面在垂直于界面的法线方向发生横向膨胀(宽度为 w)。随着界面间裂缝宽度的增加,焊接于结合面的剪力钉伸长而受拉,结合面受到剪力钉反向施加的夹持力 σ_s,受压的夹持力由于摩擦效应在沿加载方向的界面间形成剪应力 τ。

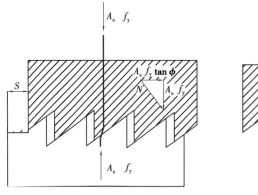

图 3.32 界面的剪力-摩擦模型图

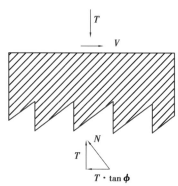

图 3.33 剪力-摩擦模型隔离体分析

同理,剪力钉推出试验的受力也可参照剪力-摩擦理论,其承载机理如图 3.34 所示。在外力作用下钢板发生竖向位移,引起焊接在钢板上的栓钉发生轴向拉伸,栓钉上产生沿钢-

混界面法向方向的拉伸应力 σ_x。根据力的平衡条件,剪力钉的轴向拉伸力沿 45°方向扩散,同时反作用于剪力钉根部锥形区混凝土,导致锥形区混凝土与钢板接触的局部区域产生较大的法向夹持力,夹持力在结合面产生界面摩擦力 τ,界面摩擦力的合力也是剪力钉的有效承载因素。

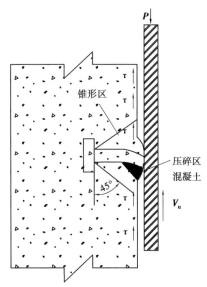

图 3.34　基于剪力-摩擦理论的剪力钉承载机理模型

关于剪力-摩擦理论,国外学者做了大量研究。Anderson 首先提出了剪力-摩擦的理论模型,随后 Bireland、Mattock 及 Walraven 等结合试验方法进行了研究分析,给出了不同的设计表达式,反映了混凝土结合面的剪力传递情况。在广泛研究的基础上,ACI318 进一步给出了通过剪力钉进行锚固的钢-混结合面的剪力-摩擦传递公式。

Birkeland 针对粗糙结合面的剪力-摩擦模型进行了简化,引入了摩擦系数 μ,提出了界面摩擦力传递公式为

$$V_f = F\mu \tag{3.15}$$

式中　V_f——沿着界面的剪力-摩擦抗力;

　　　F——剪力钉所受荷载;

　　　μ——摩擦系数,$\mu = \tan\phi$,ϕ 为剪力摩擦角。

根据材料力学可知荷载与变形的关系表达式为

$$F = k\delta \tag{3.16}$$

式中　k——剪力钉的变形刚度;

　　　δ——剪力钉伸长变形量。

其中,由材料力学可知 k 的具体表达式为

$$k = \frac{E_s A_s}{L} \tag{3.17}$$

式中　A_s——剪力钉的截面面积;

　　　L——剪力钉的长度。

通过前文所述,由于剪力钉轴力的作用,处于剪力钉根部的锥形区混凝土相应发生了向外的轴向变形 w,由此在钢-混界面产生了混凝土突出现象(图 3.35),因此混凝土的横向变形 w 与剪力钉的滑移 s(即竖向剪切位移)紧密相关。

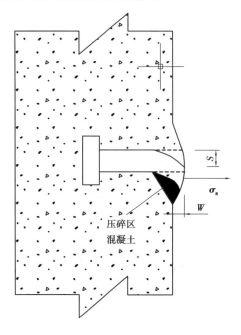

图 3.35 基于剪力-摩擦理论的剪力钉推出试件受力模型

针对光滑及粗糙界面的情况,CEB-FIP MC90 给出了膨胀变形 w 与剪切位移 s 的关系式为

$$粗糙界面:w = 0.6s^{\frac{2}{3}} \tag{3.18}$$

$$光滑界面:w = 0.05s \tag{3.19}$$

本书探讨的是钢板与 UHPC 的接触面的变形情况,界面相对光滑,选择光滑界面的公式进行计算。值得注意的是,上文给出的膨胀变形 w 公式是基于 PBL 剪力键的形式提出的,而本书研究的是焊接于钢板上的剪力钉单侧的横向变形,则剪力钉的横向变形为

$$\delta = \frac{w}{2} \tag{3.20}$$

将式(3.19)代入式(3.20)中,可得

$$\delta = 0.025s_{\max} \tag{3.21}$$

式中 $s_{\max}$——剪力钉的最大滑移量。

由上文可知,界面的表面摩擦系数可通过试验测得,且各规范对摩擦系数的取值不尽相同,Santos 基于界面的平均粗糙度给出了摩擦系数的具体表达式为

$$\mu = \frac{1.366R_{vm}^{0.041}}{\gamma_f} \tag{3.22}$$

式中 R_{vm}——平均粗糙度,mm;

γ_f——分项系数,此处取为 1。

汪维安基于粗糙度测试方法,分别对 9 组试件进行了试验,测得开孔板的平均粗糙度 R_{vm} 约为 0.133 mm。本书为了便于计算,采用 CSAA23 规范所给定的取值,取 $\mu = 0.6$。

将式(3.16)、式(3.17)及式(3.21)分别代入式(3.15)中,可得出通过剪力钉焊接的钢-混结合面的剪力-摩擦剪切抗力计算式为

$$V_f = 0.015 \frac{E_s A_s}{L} s_{max} \tag{3.23}$$

3.2.2　剪力钉承载能力

1) 影响因素分析

栓钉抗剪承载力作为衡量组合结构整体工作性能以及进行结构受力设计的重要依据,有必要对其进行合理计算。大量文献表明,剪力钉的承载能力与混凝土、剪力钉的特性以及两者间的接触条件都有一定关系。本书综合上文对剪力钉的插销作用、剪力-摩擦作用的合理分析,对影响剪力钉承载能力的各种因素进行了总结,主要简述如下:

①剪力钉本身的强度、弹模以及尺寸对剪力钉的承载能力有一定影响。由插销作用-温克尔地基梁理论提出的极限插销力公式可知,插销力与剪力钉的屈服强度与直径密切相关。由剪力-摩擦效应推出的钢-混界面摩擦力公式可知,摩擦力与剪力钉的面积、长度、弹模有关。剪力钉插销作用与界面摩擦力分别承担部分抗剪承载力,剪力钉承载力与剪力钉的强度、弹模与尺寸密切相关。

②RPC 混凝土的强度对剪力钉的承载力有一定影响。根据插销作用-温克尔地基梁理论可知,插销力受到混凝土的抗压强度的影响。当混凝土的抗压强度较小时,混凝土发生冲切破坏从而剪力钉被拔出,剪力-摩擦效应失去提供承载的能力,剪力钉的承载力能力下降。

③RPC 板与钢板接触面的黏结力及骨料咬合作用,主要与界面的粗糙程度有关。

2) 钢-UHPC 组合结构中剪力钉承载力公式

各国规范中剪力钉承载力计算公式均是针对普通混凝土或高性能混凝土与钢结构组合的情况。而 RPC 抗拉、抗压强度远高于普通混凝土,使得剪力钉在 RPC 中的约束条件与普通混凝土相比变化很大,以往对普通混凝土及高强混凝土的规范不一定能够适用。

总的来说,剪力连接件可分为 4 类,即栓钉连接件、PBL 连接件、型钢连接件、钢筋连接件。由于施工方便,又无须考虑剪力方向,栓钉连接件是目前应用最广泛、综合性能最好的抗剪连接件之一。究其工作机理,剪力钉与 PBL 剪力键相类似,都具有插销作用以及剪力-摩擦效应,此外,PBL 中还存在混凝土榫剪切破坏面的剪切摩擦。以往文献大多是基于弹性地基梁及剪力-摩擦理论对 PBL 剪力键进行受力分析,由于剪力钉与 PBL 的工作机理类似,因此本书中关于剪力-摩擦效应及插销作用的内容可以借鉴。

对于钢-混组合结构而言,焊接于钢-混结合面的剪力钉作为剪力插销承担大部分承载力。剪力-摩擦效应的贡献部分,包含界面的黏聚力及摩擦力两个部分。为了与剪力键的既往研究统一,本书所指的剪力-摩擦效应仅包含界面间的黏聚力和摩擦力两项,这与式(3.10)给出的库伦-摩擦公式相一致。钢-UHPC 组合结构中剪力钉的极限承载力 V_u 主要由

3 个部分组成,即剪力钉的销栓作用 V_s、界面的摩擦力 V_f 及界面的黏聚力 V_c,其中黏聚力 V_c 和摩擦力 V_f 的剪力传递作用合称为剪力-摩擦效应。根据上文所述,钢-UHPC 组合结构中剪力钉的极限承载力 V_u 的具体表达为

$$V_u = V_s + V_f + V_c \tag{3.24}$$

其中

$$V_s = 1.27d^2 \sqrt{f_c' f_y} \tag{3.25}$$

$$V_f = 0.015 \frac{E_s A_s}{L} s_{max} \tag{3.26}$$

$$V_c = 0.0625 f_{ct} \tag{3.27}$$

其中,钢板与混凝土板接触面的黏聚力 V_c 主要来源于钢板与混凝土的黏结效应以及混凝土开裂面的骨料咬合作用,它与接触面的粗糙度紧密相关;接触面摩擦力 V_f 主要是由钢-混界面相对位移导致的法向夹持力在结合面处产生的界面摩擦力 τ 的合力。

式中　f_c——混凝土的抗压强度,MPa;

　　　f_c'——混凝土的棱柱体抗压强度,MPa;

　　　f_y——剪力钉的屈服强度,MPa;

　　　d——剪力钉的直径,m;

　　　A_s——剪力钉的截面面积,m^2;

　　　f_{ct}——混凝土的抗拉强度,MPa;

　　　σ_y——剪力钉的屈服应力,MPa;

　　　L——剪力钉的长度,m;

　　　s_{max}——剪力钉的最大滑移量。

将试验试件的数据带入式(3.25)—式(3.27)可得

$$V_s = 28.737 \text{ kN}; \quad V_f = 9.703 \text{ kN}; \quad V_c = 0.066 \text{ kN}$$

其中,黏聚力非常小,因为黏聚力主要表现在钢-混结合面还未发生相对滑动时,当外荷载下钢板与 RPC 板发生相对滑移时,黏聚力发生破坏,丧失承载作用,所以在极限荷载的情况下,黏聚力对承载力的作用可忽略不计。剪力钉的总承载力为

$$V_u = V_s + V_f = 28.737 + 9.708 = 38.439 (\text{kN})$$

而静载推出试验中得出的剪力钉承载力 $V_u = 41.25$ kN,两者误差较小。钢-RPC 组合结构中剪力钉的极限承载力公式为

$$V_u = 0.015 \frac{E_s A_s}{L} s_{max} + 1.27d^2 \sqrt{f_c f_y} \tag{3.28}$$

3.2.3　荷载-滑移方程

在设计中,有限元分析一般将剪力钉比拟为弹簧,由上述分析可知,荷载-滑移曲线具有一定的非线性性质,弹簧刚度为变量,其刚度应为荷载-滑移曲线的切线斜率。需要通过回归分析获得荷载-滑移曲线。

由上文的分析可知,荷载-滑移曲线可分为两段,即屈服前和屈服后,由于屈服前、后的滑移特性明显不同,因此采用分段函数表达这两个阶段的滑移特性。根据对普通混凝土中的剪力钉荷载-滑移曲线的研究结果,其滑移方程可采用幂函数来表达,对屈服后,从 3.1.2 节荷载-滑移曲线可看出基本为线性关系,用线性函数来表达。采用回归分析可得

$$P = 1.32 \times 42.3S^{0.343} \qquad (0 < S \leq 0.2) \qquad (3.29)$$

$$P = 33.389 + 6.667S \qquad (S > 0.2) \qquad (3.30)$$

式中　P——荷载,kN;

　　　S——滑移,mm。

式(3.29)的相关系数为 0.912,式(3.30)的相关系数为 0.943,均为强相关。表明分别采用幂函数和线性函数来拟合荷载-滑移曲线是合理的。

采用以上两式,带入实测的滑移量 S,计算得到的荷载为 PJ,PS 为实测荷载,则 PS/PJ 的均值为 0.944,$PS-PJ$ 的均方差为 3.817,具有较好的计算精度。

式(3.29)中的系数 42.3 为剪力钉极限荷载的均值,而式(3.30)中的 33.389 与屈服荷载基本相同,滑移方程可表达为

$$P = 1.32 \times V_n S^{0.343} \qquad (0 < S \leq 0.2) \qquad (3.31)$$

$$P = V_y + 6.667S \qquad (S > 0.2) \qquad (3.32)$$

式中　V_n——单个剪力钉的极限强度;

　　　V_y——单个剪力钉的屈服强度。

需要补充说明的是,ST35-10-5 试件在剪力钉位置低收缩 UHPC 出现蜂窝,导致荷载-滑移曲线和极限强度均异常,未参与统计。其原因是,本次试验的试件采用立浇,剪力钉对混凝土的流动形成了遮挡,在桥面板工程中,低收缩 UHPC 均为卧浇,不会出现这一现象。

3.2.4　小结

本节通过两组 10 个试件的推出试验,探讨了低收缩 UHPC 中剪力钉的破坏形态、承载能力和变形性能,根据试验结果和分析,可得出以下结论:

①低收缩 UHPC 中的剪力钉的破坏形态为剪力钉剪切破坏,不会出现普通混凝土中的局部承压破坏和拔出破坏。

②研究表明,低收缩 UHPC 中的剪力钉的破坏形态与高强混凝土中的剪力钉相同,采用式(3.28)计算得到屈服强度和极限强度与试验结果吻合良好,可以采用式(3.28)计算低收缩 UHPC 中剪力钉的屈服强度和极限强度。组合结构一般采用弹性设计,建议剪力钉的容许剪力采用其屈服强度。

③低收缩 UHPC 中剪力钉变形可分为弹塑性段和屈服段,其荷载-滑移方程可采用分段函数表达,式(3.31)、式(3.32)给出了其滑移方程。

3.3 钢-UHPC 组合梁中剪力栓钉的布设

3.3.1 概述

如前所述,钢-UHPC 组合结构中的 UHPC 桥面板的厚度远小于传统钢-普通混凝土中混凝土桥面板厚度。相应地,所采用的剪力栓钉也只能是"短粗栓钉",其变形性能与传统钢-混组合桥面板中的栓钉明显不同。鉴于此,在 UHPC 中短剪力栓钉力学性能试验研究的基础上,以一简支钢箱-UHPC 组合梁为研究对象,建立考虑"短粗栓钉"效应的精细有限元模型,在沿梁长度方向,分析剪力钉在弹性状态及产生塑性滑移变形剪力重分布时短粗栓钉群的剪力分布规律,据此分别提出剪力栓钉的设计方法。在沿梁宽度方向,探明受剪力滞效应影响下的剪力分布,给出考虑剪力滞效应的剪力钉设计计算方法。

3.3.2 有限元模型

以依托工程一跨度 60 m、宽度 20.25 m 的闭口钢箱-UHPC 简支组合梁为背景,采用 AN-SYS 软件建立精细三维有限元模型,包括钢-UHPC 组合桥面板、钢箱、纵肋、横梁和端板等所有构造,模型共有单元 210 001 个、节点 180 969 个,如图 3.36 所示。

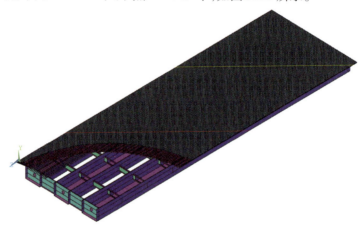

图 3.36 钢箱-UHPC 组合梁有限元模型

该钢箱组合梁中 UHPC 桥面板厚度为 55 mm,在模型中由实体单元 SOLID65 模拟,如图 3.37 所示。钢箱高 2.5 m,其顶面板、纵肋、横梁和端板等钢结构均采用壳单元 SHELL181 模拟,同时对各部位钢结构分别针对性地定义厚度和截面偏移。模型中忽略 UHPC 桥面板和钢箱顶面板间的黏结作用,将两者分离,而钢箱顶面板面密布的剪力栓钉对两者的连接约束通过非线性弹簧单元 COMBIN39 模拟。剪力栓钉在组合梁纵向和横向的间距均为 200 mm,其在纵横向的抗剪性能分别由前文推出试验得到的荷载-滑移曲线定义。材料参数方面,UHPC 和钢材均只按弹性考虑,其中 UHPC 弹性模量为 55 GPa,泊松比为 0.2。钢材弹性模量为 206 GPa,泊松比为 0.3。

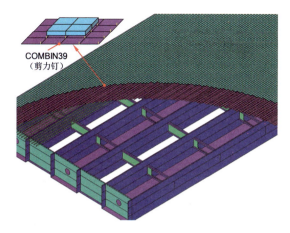

图 3.37　有限元模型单元选择

模型采用简支的边界条件,在模型左端约束钢箱角点处竖向和纵向平动自由度,模型右端则约束钢箱角点竖向平动自由度,同时对两端中间钢箱两角点横向平动自由度进行约束,以限制刚体运动。此外,耦合 UHPC 桥面板和钢箱顶板面的竖向自由度。

3.3.3　剪力栓钉的弹性设计

在 UHPC 桥面板顶面施加均布荷载,大小分别为 10 kPa、20 kPa 和 30 kPa,对应荷载线集度为 202.5 kN/m、405 kN/m 和 607.5 kN/m。30 kPa 均布荷载(荷载线集度 607.5 kN/m)作用下剪力栓钉的剪力分布及 UHPC 桥面板的剪应力分布分别如图 3.38—图 3.40 所示。

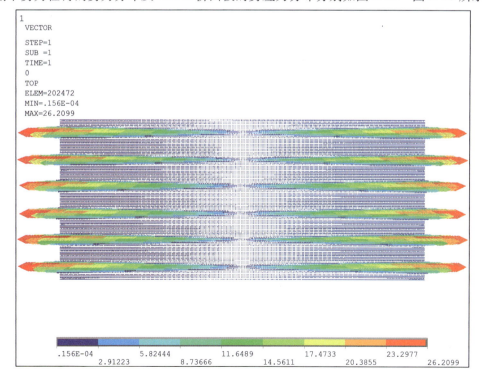

图 3.38　30 kPa 均布荷载作用下剪力栓钉纵向剪力分布(单位:kN)

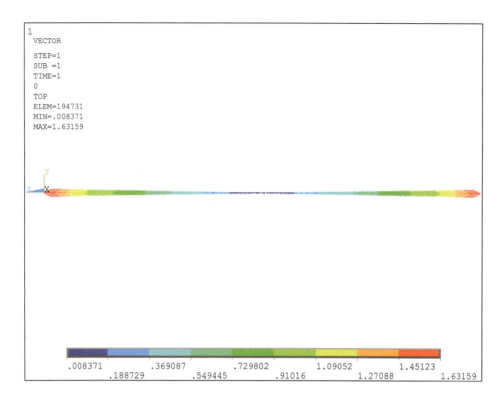

图 3.39　30 kPa 均布荷载作用下横向中间排剪力栓钉纵向剪力分布(单位:kN)

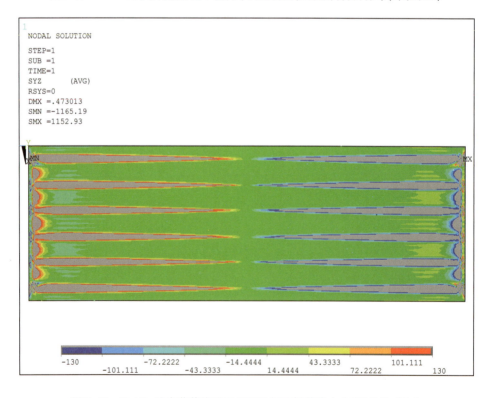

图 3.40　30 kPa 均布荷载作用下 UHPC 桥面板剪应力分布(单位:kPa)

　　从图中可知,剪力栓钉纵向剪力及 UHPC 桥面板剪应力均对称于跨中分布,且剪力值由跨中向两侧逐渐增大。同时由于剪力滞效应的影响,钢箱腹板对应位置剪力栓钉剪力及 UHPC 桥面板剪应力均较大。为了更直观地分析各荷载工况下剪力栓钉剪力分布,取横向中间排各剪力栓钉沿组合梁纵向的剪力,绘成分布曲线,如图 3.41 所示,其中横坐标 0 点表示组合梁纵向左端点,所列数据舍去了端部受边界影响的剪力栓钉剪力计算结果。

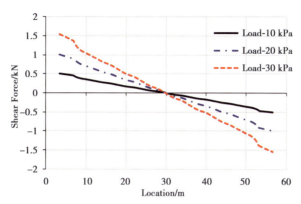

图 3.41　均布荷载作用下纵向剪力栓钉剪力分布

　　由图可知,各工况下此排剪力栓钉最大剪力均远小于推出试验中得到的单钉屈服荷载均值 33.82 kN,剪力钉仍处于弹性。同时,尽管闭口钢箱-薄 UHPC 桥面板组合梁与传统开口钢箱-厚普通混凝土桥面板组合梁在构造上有所不同,且采用了较短的剪力栓钉,但 3 个均布荷载工况下沿纵向各剪力栓钉中的剪力分布形式依然同梁中剪力分布形式一致。按弹性设计时,可沿用目前组合梁中抗剪连接件的弹性设计方法。

　　对闭口钢箱-薄 UHPC 桥面板组合梁,钢梁及其顶板可作为施工 UHPC 桥面板的支架和模板,即以钢梁为支撑浇筑 UHPC 板,计算钢梁与 UHPC 板界面纵向剪力时只考虑钢梁与混凝土桥面板形成组合作用之后施加到结构上的荷载和其他作用。这包含两个部分:一是形成组合作用之后施加到结构上的准永久荷载,需要考虑荷载的长期效应,即需要考虑 UHPC 收缩徐变的影响,按长期效应下的换算截面计算;二是可变荷载,此时不考虑长期效应。由此,钢梁与 UHPC 板交界面上的纵向剪力可计算为

$$v_s = \frac{V_g S_0^c}{I_0^c} + \frac{V_q S_0}{I_0} \tag{3.33}$$

式中　V_g、V_q——计算截面处由形成组合截面之后施加到结构上的准永久荷载和除准永久荷载外的可变荷载所产生的竖向剪力设计值;

　　　　S_0^c——考虑荷载长期效应时,钢梁与 UHPC 板交界面以上换算截面对组合梁弹性中和轴的面积矩;

　　　　S_0——不考虑荷载长期效应时,钢梁与 UHPC 板交界面以上换算截面对组合梁弹性中和轴的面积矩;

　　　　I_0^c——考虑荷载长期效应时,组合梁的换算截面惯性矩;

　　　　I_0——不考虑荷载长期效应时,组合梁的换算截面惯性矩。

　　由式(3.33)计算得到钢梁与混凝土板交界面单位长度上的纵向剪力分布,将剪力图分

段,每段的面积即该段总剪力值,用该值除以单个抗剪连接件的抗剪承载力即可得到该段需要布设的抗剪连接件数量,如图 3.42 所示。

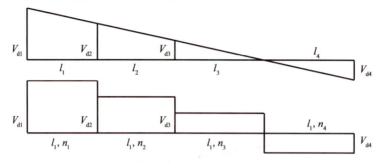

图 3.42　由剪力图分段布置抗剪连接件

参考已有的实践经验,对该跨度 60 m 的闭口钢箱-UHPC 简支组合梁,可将剪力分布图在半跨内分为 3 段来处理。或者考虑方便施工的原则,可按特定荷载和其他作用下梁长范围内的平均剪力来计算,等间距布置栓钉,但应保证各栓钉所受到的最大剪力不大于其抗剪承载力的 1.1 倍。

3.3.4　剪力栓钉的塑性设计

为了便于分析闭口钢箱-薄 UHPC 桥面板组合梁中剪力栓钉在较大荷载作用下滑移变形可能导致的剪力重分布,采用在跨中位置 UHPC 桥面板顶面 20 cm 宽条带上施加均布荷载的方式来产生等效集中力的效果,此时剪力栓钉纵向剪力分布如图 3.43 和图 3.44 所示。

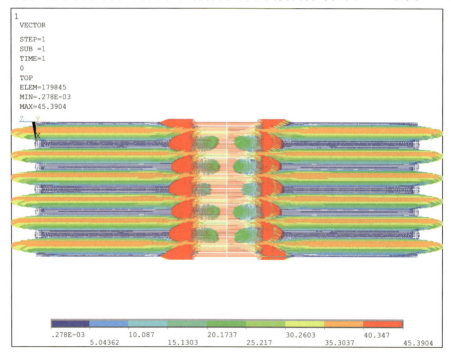

图 3.43　跨中较大"集中力"作用下剪力栓钉纵向剪力分布(单位:kN)

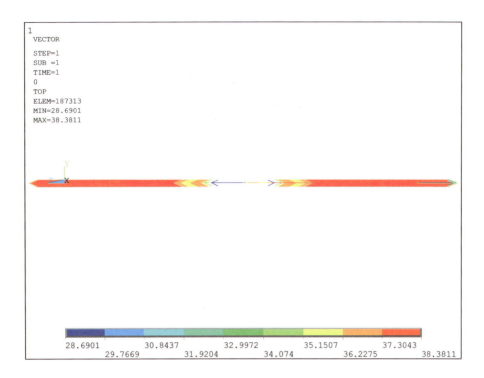

图 3.44　跨中较大"集中力"作用下靠近钢梁腹板排剪力栓钉纵向剪力分布(单位:kN)

由图可知,剪力栓钉剪力依然对称于跨中分布,且除去荷载作用区段因荷载集中导致的剪力集中段,两侧各剪力栓钉剪力值相差不大、较为均匀,这对靠近钢梁腹板排剪力栓钉更为明显。取该排剪力栓钉,纵向剪力分布曲线如图 3.45 所示,图中虚线示出了推出试验中单个剪力栓钉的屈服荷载 33.82 kN。

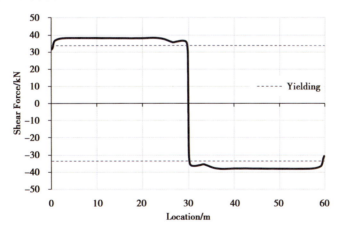

图 3.45　跨中较大"集中力"作用下纵向剪力栓钉剪力分布

可以看出,与传统组合梁类似,较大荷载作用下短剪力栓钉同样会由屈服滑移变形而导致交界面剪力在各个连接件之间重分布,后趋于均匀。各栓钉受力几乎相等,可以不必按剪力分布图来布置栓钉,即可以采用均匀布置,从而给设计和施工带来极大的方便。布置原则如下:

①以弯矩绝对值最大点及零弯矩点为界限,将组合梁分为若干剪跨区段(图3.46)。

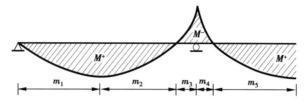

图3.46　剪跨区段划分

②逐段确定各剪跨区段内钢梁与混凝土交界面的纵向剪力 V_s。

位于正弯矩区段的剪跨为

$$V_s = \min\{Af, b_e h_{c1} f_c\} \tag{3.34}$$

式中　A、$b_e h_{c1}$——钢梁面积和混凝土板有效面积;

　　　f、f_c——钢材抗拉强度设计值和混凝土材料抗压强度。

式(3.34)实质是将钢梁和混凝土板进行等强设计,这对钢-UHPC 组合梁同样适用。

位于负弯矩区段的剪跨为

对普通混凝土组合梁:

$$V_s = A_{st} f_{st} \tag{3.35}$$

式中　A_{st}、f_{st}——负弯矩区混凝土板内纵向受拉钢筋的截面积和受拉钢筋的抗拉强度设计值。

式(3.35)实质是忽略负弯矩区普通混凝土的抗拉作用,与钢筋进行等强设计。但对钢-UHPC 组合梁中的 UHPC 板,UHPC 具有较高的抗拉强度,可以考虑其抗拉作用。对钢-UHPC 组合梁,负弯矩区段剪跨的纵向剪力为

$$V_s = b_e h_{c1} f_{ut} + A_{st} f_{st} \tag{3.36}$$

式中　f_{ut}——UHPC 抗拉强度,即考虑 UHPC 和纵向受拉钢筋共同作用。

3.3.5　剪力滞效应的影响

在竖向弯曲作用下,钢梁腹板内剪力流在向混凝土桥面板传递的过程中,混凝土桥面板的剪切变形,使得压应力向两侧逐渐减小。混凝土板内的剪力流在横向传递过程中滞后,即存在剪力滞效应。对闭口钢箱-薄 UHPC 桥面板组合梁,如图3.47 所示为30 kPa 均布荷载(荷载线集度607.5 kN/m)作用下 UHPC 板正应力,可以看出,同一横截面钢梁腹板位置 UHPC 板正应力明显大于其他位置,同时腹板处剪力钉剪力也是如此,剪力滞效应不容忽视。

为了更好地分析剪力滞效应影响,在10 kPa、20 kPa 和30 kPa 均布荷载作用下,分别取距梁左端5.125 m 处沿梁横向各剪力钉的剪力,绘成分布曲线,如图3.48 所示。其中,横坐标0点表示组合梁横向内侧端点,竖向虚线处为各钢箱腹板位置。

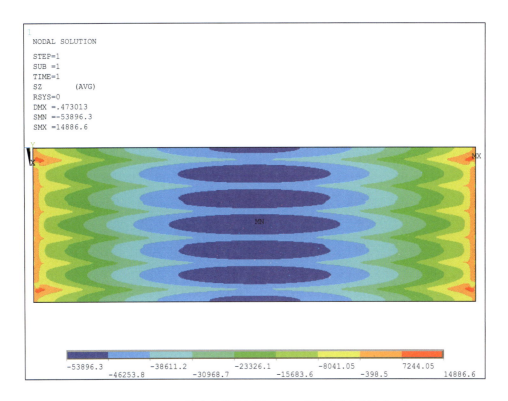

图 3.47　30 kPa 均布荷载作用下 UHPC 板正应力(单位:kPa)

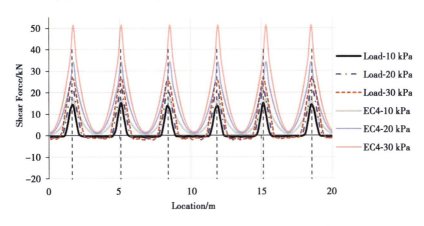

图 3.48　均布荷载作用下横桥向剪力钉剪力分布

　　从图中可知,由于剪力滞效应,钢箱梁腹板处剪力钉剪力显著大于其他位置剪力钉剪力,设计中需考虑这种影响。对此,在进行抗剪连接件的疲劳验算和正常使用极限状态验算(弹性验算)时,Eurocode 4 给出了对钢板-混凝土组合桥面板考虑剪力滞效应时抗剪连接件的设计方法,即对纵桥向单位长度内距钢梁腹板横向距离为 x 处的抗剪连接件,其承受的剪力值 P_{Ed} 可计算为

$$P_{Ed} = \frac{v_{L,Ed}}{n_{tot}} \left[\left(3.85 \left(\frac{n_w}{n_{tot}} \right)^{-0.17} - 3 \right) \left(1 - \frac{x}{b} \right)^2 + 0.15 \right] \tag{3.37}$$

式中　$v_{L,Ed}$——由整体效应产生的单位长度界面的纵向剪力值,计算时桥面板的宽度取为

有效宽度；

n_{tot}——同一截面内抗剪连接件的总数；

n_w——同一截面内钢梁腹板两侧各 $\max(10t, 200 \text{ mm})$（$t$ 为钢板厚度）范围内的抗剪连接件总数；

x——距离钢梁腹板的距离，对腹板两侧各 $\max(10t, 200 \text{ mm})$ 范围内的抗剪连接件，x 取为 0；

b——相邻钢梁腹板间距的一半或边梁腹板距其上翼缘悬挑端的距离。

将式（3.37）计算结果与有限元结果进行对比，见图 3.48。可以看出，对闭口钢箱-薄 UHPC 桥面板组合梁，Eurocode 4 中的计算公式同样能够比较有效地考虑剪力滞效应影响，可作为设计参考。

3.3.6 小结

本节通过对以一跨度 60 m、宽度 20.25 m 的闭口钢箱-UHPC 简支组合梁进行考虑剪力栓钉布置的精细三维有限元分析，分别得到了弹性状态、考虑屈服滑移变形和剪力滞效应下的剪力分布特点，据此给出剪力栓钉的布设设计方法。有以下结论：

①弹性状态下纵向各剪力栓钉的剪力分布形式依然与梁中剪力分布形式一致，按弹性设计时，可沿用组合梁中抗剪连接件的设计方法，分段布设剪力栓钉。

②与传统组合梁类似，较大荷载作用下短剪力栓剪力分布趋于均匀，各栓钉受力几乎相等，可参考传统组合梁中抗剪连接件的塑性设计方法，将剪力栓钉均匀布置。

③剪力滞效应对闭口钢箱-薄 UHPC 桥面板组合梁横向剪力栓钉剪力分布影响显著，不容忽视。对此，可借鉴 Eurocode 4 中对钢板-混凝土组合桥面板考虑剪力滞效应时抗剪连接件的设计方法进行计算。

3.4 低收缩 UHPC 桥面板接缝性能

3.4.1 试验方法

1）试件构造设计

接缝性能试验的目的是通过静载试验测试出桥面板接缝的开裂应力，从而对接缝的抗裂性能进行科学的评价。

试件采用简支梁形式，由小钢箱梁、低收缩 UHPC 板和剪力钉构成。由于在试验中低收缩 UHPC 板必须受拉，因此所设计的小梁试件与常规叠合梁混凝土板位于上缘不同，本次试验的低收缩 UHPC 板位于小梁的下翼缘。工字钢梁采用 Q345B 钢板焊接而成。低收缩 UHPC 板内设置间距 40 mm×100 mm、直径为 10 mm 的 HRB400 钢筋网，剪力钉采用 10 mm×35 mm 规格。加载方式采用两点对称加载，接缝区位于加载点间。试件的具体形式和尺寸如图 3.49 所示，共制作了两件试件（图 3.50）。

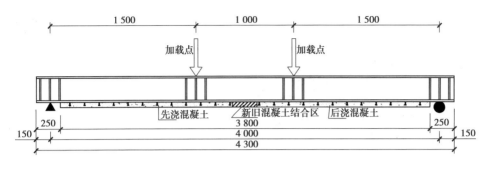

（a）立面图

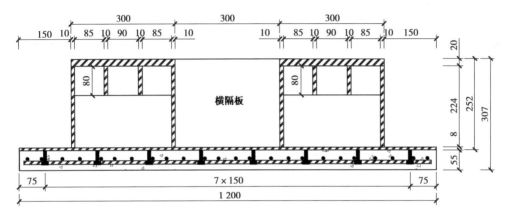

（b）断面图

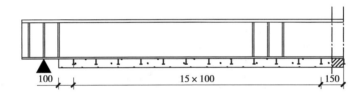

（c）剪力钉纵向布置

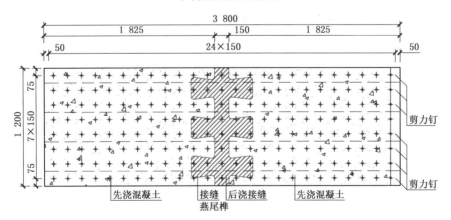

（d）接缝及剪力钉平面图

图 3.49　低收缩 UHPC 板接缝试件构造（单位：mm）

图 3.50　燕尾榫试件

2）加载与测试

（1）加载方法

低收缩 UHPC 板接缝试验采用跨中两点对称加载,这是梁式试验中常用的加载方式。对本次试验,在纯弯段内既有新旧混凝土结合部,也有一次浇筑成形的混凝土,在获得新旧混凝土结合部开裂弯矩的同时,可以比较接缝和整体浇筑混凝土抗裂性能和裂缝宽度发展的不同,可一举多得。加载系统如图 3.51 所示。

图 3.51　加载测试系统

采用 1 200 kN 千斤顶加载,并配合 1 200 kN 压力传感器测试荷载,加载方案如下:

①以 50 kN 进行预载,直至位移测量表明,非弹性位移已消除(卸载后位移回零)。

②以 20~50 kN 为步长加载至新旧混凝土接缝开裂,每级荷载稳载 10 min。

③新旧混凝土接缝开裂后继续以每级 50 kN 的步长加载,直至整体浇筑混凝土开裂。

④整体浇筑混凝土开裂后,以每级 50 kN 步长施加至 1 000 kN。

（2）测试方法

本试验的测试内容包括荷载、裂缝宽度、挠度、钢箱和混凝土板的应变等。

荷载由压力传感器自动测量；裂缝宽度采用智能裂缝宽度仪读取；挠度采用位移计测量，试件长度较长，除在支座处和跨中布置了 3 组位移测点外，在 $L/4$ 处增设了两组测点。位移测点的布置如图 3.51 所示。

混凝土应变和钢结构应变测量采用应变片。钢结构应变片布置如图 3.52 所示，共在 5 个截面布置了应变片，分别为跨中截面、燕尾榫接缝截面。钢筋应变是试验的重要测试内容，本次试验在燕尾榫接缝处密集布置了应变片，如图 3.53 所示。在燕尾榫区布置了 92 片混凝土应变片，监测燕尾榫区的低收缩 UHPC 混凝土应变及裂缝开展情况，如图 3.54 所示。

图 3.52　钢结构应变片布置

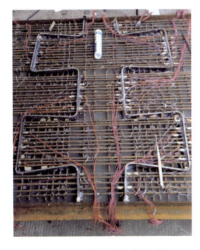

图 3.53　钢筋应变片布置

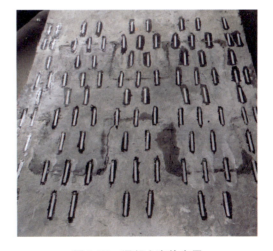

图 3.54　混凝土变片布置

3.4.2　试验结果及分析

1）燕尾榫的抗裂性能

上文的分析已经指出，低收缩 UHPC 之所以具有良好的抗裂性能，是由于钢纤维有效地约束了水泥基材料微细裂缝的发展。在低收缩 UHPC 接缝处新、旧 UHPC 中钢纤维不能连通,钢纤维不能约束接缝界面位置处的裂缝发展,其抗裂性能较其他地方要弱。理论上,接缝界面处的开裂应力应为水泥基材料的开裂应力,即与普通混凝土接近。表 3.3 为燕尾榫接缝开裂应力及抗裂性能。

表 3.3　燕尾榫接缝开裂应力及抗裂性能

项目	开裂应力	裂缝宽度 0.1 mm	裂缝宽度 0.15 mm	裂缝宽度 0.2 mm
低收缩 UHPC 拉应力	6.5	31.1	41.4	47.7
钢结构顶面压应力	30.5	149.5	218.4	262.5

试验表明,接缝界面处的开裂应力为 6.5 MPa,约为普通混凝土的 5 倍。那么是否意味着低收缩 UHPC 水泥基材料的开裂应力较普通混凝土大呢?要回答这一问题,需要澄清开裂应力的概念。所谓开裂应力通常是指出现肉眼可见裂缝时的应力,若配筋适量,在水泥基材料出现微细裂缝后可以有效地约束其发展,使其不发展成为肉眼可见的裂缝,则在宏观上表现为开裂应力提高。燕尾榫提高接缝界面开裂应力即利用了这一原理。在组合梁中,低收缩 UHPC 混凝土板为受拉构件,从燕尾榫的构造可知,在燕尾榫区域存在着 4 种承受拉力的机制:其一为低收缩 UHPC 的界面黏结力;其二为穿过界面的纵向钢筋;其三为燕尾榫斜边的机械嵌锁力;其四为穿过燕尾榫斜边的横向钢筋的剪力。其中第 1 种机制作用较小,可以忽略不计。众所周知,裂缝宽度与穿过裂缝的钢筋应变成正比,若能有效地控制钢筋应力即可控制裂缝宽度,从宏观上即提高其开裂应力。燕尾榫处布置有较密的钢筋,加之第 3、4 种传力机制的存在,使得穿过界面的纵向钢筋应变较小(详见后文应变分析的内容),当水泥基材料的裂缝发展为可见裂缝时,荷载已较大,在宏观现象上表现为开裂应力提高。燕尾榫并未改变材料特性,只是通过适当的结构设计,减小了钢筋应变,从而增大了水泥基材料微细裂缝发展为可见裂缝的荷载。

燕尾榫的第一条裂缝出现在接缝的水平边(端面),随着荷载的增大,在接缝水平边处还会陆续出现新的裂缝,在燕尾榫的缩颈位置也有裂缝,但在燕尾榫内部始终未出现裂缝。在整个加载过程中,宽度最大的裂缝均位于接缝的水平边,这是由于该位置为截面最为薄弱的位置,易造成裂缝的集中发展。裂缝宽度随荷载增长缓慢,在裂缝宽度小于 0.15 mm 时,裂缝宽度随荷载基本呈线性变化,荷载每增加约 72 kN,裂缝宽度才增加 0.02 mm(图 3.55、图 3.56)。

在燕尾榫斜边处未出现裂缝,这表明燕尾榫斜边提供了强劲的机械嵌锁,同时横向钢筋剪力也提供了传力途径。

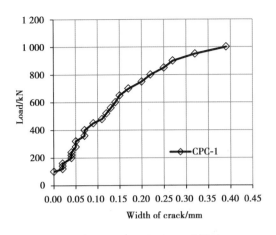

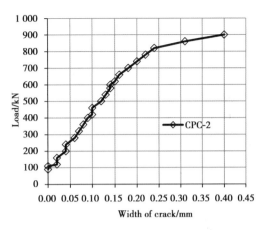

图 3.55　CPC-1 裂缝宽度随荷载发展　　　图 3.56　CPC-2 裂缝宽度随荷载发展

图 3.57　CPC-1 1 000 kN 时裂缝分布

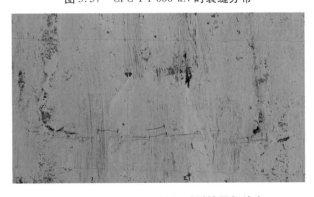

图 3.58　CPC-1 1 000 kN 时裂缝局部放大

2）应变分析

如图 3.59—图 3.62 所示分别示出了 CPC-1 试件和 CPC-2 试件的钢箱顶面应变和钢筋

应变。燕尾榫接缝的开裂及裂缝的发展对钢箱应力和钢筋应力影响不大,未出现应力突增现象。

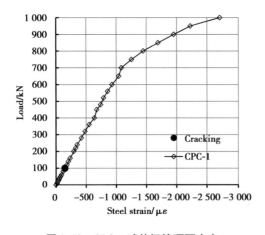

图 3.59　CPC-1 试件钢箱顶面应变

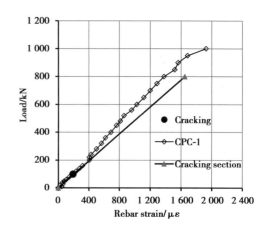

图 3.60　CPC-1 钢筋应变

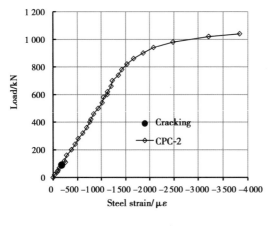

图 3.61　CPC-2 试件钢箱顶面应变

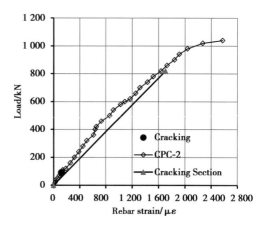

图 3.62　CPC-2 钢筋应变

钢结构在 800 kN 左右出现屈服现象(图 3.59),而按全截面的换算截面计算,屈服荷载为 913 kN,较理论计算的屈服荷载要小,这是低收缩 UHPC 开裂后削弱了截面所致。钢筋应变的发展速度较开裂截面计算的发展速度要慢,其原因是,虽然开裂截面的低收缩 UHPC 混凝土退出工作,但贯通裂缝附近的低收缩 UHPC 混凝土仍然参与工作,减轻了钢筋的负担,同时,燕尾榫也传递了部分荷载,相同荷载下,钢筋应变较开裂截面计算的应变要小。

3)挠度分析

如图 3.63、图 3.64 所示,燕尾榫试件的荷载-挠度曲线大致可分为两段,即屈服前和屈服后。在钢结构屈服前,试件的荷载-挠度曲线基本为直线,这表明,燕尾榫的开裂对截面刚度基本无影响,其原因一是燕尾榫裂缝主要集中在端面,且在加载历程的大部分并未形成通缝,仍有部分截面参与工作;其二是缩颈处的截面裂缝较为短、细,加载至 1 000 kN 时仍保有较大的有效截面,截面的刚度下降并不明显,这对保持桥面体系的刚度无疑是有利的。

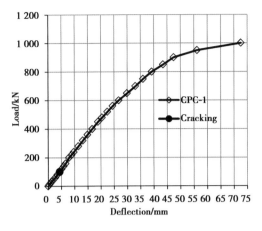

图 3.63　CPC-1 荷载-挠度曲线

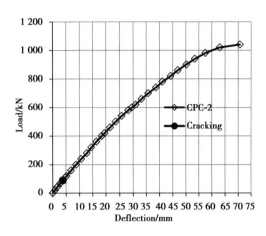

图 3.64　CPC-2 荷载-挠度曲线

钢结构屈服后,挠度的发展有逐渐加快的趋势,这显然是钢结构的刚度下降所致,尤其是加载至 900 kN 后,1 级荷载的挠度增量可达 10 mm 左右。加载至 1 000 kN 时,挠度突增,对照钢筋应变可知,此时钢筋已出现屈服现象,裂缝快速发展,导致了刚度下降。如图 3.65 可知,加载全过程,应变沿截面高度的分布始终符合平截面假定。

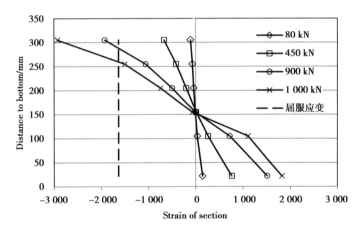

图 3.65　CPC-1 截面应变分布

3.4.3　小结

本节对两个燕尾榫试件进行了静载试验,考察了燕尾榫的抗裂性能和裂缝约束能力,探明了加载全过程燕尾榫的裂缝发展和挠度发展规律,根据试验结果与分析,本章的研究结果可小结如下:

①燕尾榫接缝具有良好的抗裂性能,接缝界面处的开裂应力为 6.5 MPa,约为普通混凝土的 5 倍。其原因在于,穿过界面的纵向钢筋、燕尾榫斜边的机械嵌锁力、穿过燕尾榫斜边的横向钢筋的剪切减小了界面处的拉应力,延缓了微细裂缝发展为可见裂缝。

②燕尾榫的裂缝主要沿接缝的水平边(端面)发展,燕尾榫斜边未出现裂缝,当最大裂缝宽度达到 0.1 mm、0.15 mm、0.2 mm 时,低收缩 UHPC 的名义拉应力分别为 31.1 MPa、

41.4 MPa 和 47.7 MPa,验证了燕尾榫具有良好的约束裂缝发展的能力。

③当裂缝宽度大于等于 0.15 mm 时,钢结构应力已超过容许应力,在采用燕尾榫作为新旧低收缩 UHPC 混凝土连接构造时,裂缝宽度不会成为控制设计的主要因素。

④燕尾榫试件的荷载-挠度曲线大致可分为两段,在钢结构屈服前,燕尾榫的开裂对截面刚度基本无影响。

⑤综合裂缝和挠度的试验结果,纵向钢筋的应力是影响燕尾榫性能的主要因素,在燕尾榫接缝区宜采用较大的配筋率。

第4章 钢-UHPC桥面板的受力行为及计算方法

4.1 钢-UHPC组合箱梁横向内力分析

4.1.1 概述

箱形梁由于肋距大,箱壁相对较薄,桥面板体系受力问题显得很突出,因此对薄壁箱梁横向力计算是不可缺的。

桥面板的设计,在一些国家是按照规范的经验公式计算的,这些经验公式计算方法中,存在着两种设计上的基本缺陷:第一,在等高度和变高度构件中,计算正负弯矩分配之间差别缺少规定;第二,不管桥面板支承处连接的各部结构构件提供的弹性约束如何,对连续跨越三支承以上的连续桥面都规定连续系数为0.8。鉴于上述原因。浦西(Pucher)与洪泊哥(Homberg)以板的弹性分析为依据,制订了若干等厚度、变厚度板的影响面图,其计算方法为:以适当的比例在图上绘制作用于其上的车轮荷载的接触面积,并计算由接触面积和图的纵坐标所规定的体积,该体积与相应荷载的乘积的总和就等于图所制订的弯矩、剪力和挠度系数。虽然影响面图法有较精确的弹性理论基础,但其边界条件是理想的。对于钢-UHPC组合箱梁桥面板来说,钢箱腹板实际上是提供了一种弹性约束,它们都是变形体,不但可以有纵向挠曲,还可以有横向变形,对此,影响面法有一定局限性。

采用加支承的框架分析方法,以考虑钢箱对桥面板的横向挠曲影响,可以使桥面板的计算得到改善,但此方法只局限应用于无伸臂且上、下板厚相等的双对称截面箱梁。根据框架分析的基本原理,提出了针对带伸臂且上、下板厚不等的矩形箱梁的横向内力分析方法。

4.1.2 钢-UHPC组合箱梁横向力计算框架分析法

框架分析法是将箱梁空间三维问题转化为平面框架问题求解的一种方法。其原理为:在箱梁的长度方向上截取单位长度的薄片框架,使之可以利用一般的结构力学方法进行分析,但必须保证框架的变形与整个梁体协调一致。在分析平面框架的时候,为了解题的方便适当引入支承,但由于这些支承实际上并不存在,所以必须撤除其影响,分析计算其影响量。

框架分析法可以比较精确地用于无伸臂的双对称矩形箱梁桥的横向内力计算,但实际工程中多是采用带伸臂的单对称矩形箱梁,如果忽略伸臂,取箱梁上、下翼缘板厚度的平均值作为近似计算的话,会产生误差。随着箱梁上翼缘板伸臂的增大,以及箱梁上、下翼缘板厚度差别的增大,这种误差会明显地增加。为此,根据框架分析法的基本原理,提出了带伸臂且上、下板厚不等的矩形箱梁的横向内力分析方法,可应用于各种支承形式的钢-UHPC 组合箱梁。分析步骤如上所述,先加支承,进行框架分析,然后释放支承,进行结构分析,最后将两者内力叠加而得。

1)加支承框架的分析

如图 4.1 所示,矩形箱梁沿桥长方向承受的荷载为连续分布荷载 $p(z)$,一般荷载可用等代均布荷载或正弦分布荷载代替。在这种荷载作用下箱梁的横向内力计算方法按框架分析法计算的步骤是先将箱梁视为无侧移的框架,即加上 4 个沿桥上方向连续分布的刚性支承给予约束(图 4.2),并假定支反力为 $R_i(z)$,$i=1,2,3,4$,它们沿桥长方向与荷载 $p(z)$ 具有相同的分布形式,在计算断面处取单位长度的框架,用结构力学的一般方法,如力法、位移法、弯矩分配法以及平面刚架的有限元法等,求出刚性支承存在时框架的内力分布以及支承反力。

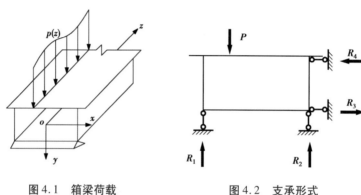

图 4.1　箱梁荷载　　　　　　　图 4.2　支承形式

2)支承释放的结构分析

如图 4.3 所示的 4 个刚性支承实际上是不存在的,必须把它们撤销,它们所产生的作用,将用于求得的支承反力大小相等但方向相反的力加在箱梁原结构上进行消除。此时,这些所加的力为 $p(z)=R_i(z)$,$i=1,2,3,4$,如图 4.3(a)所示,并可分解为如图 4.3(b)所示的对称荷载及如图 4.3(c)所示的反对称荷载。

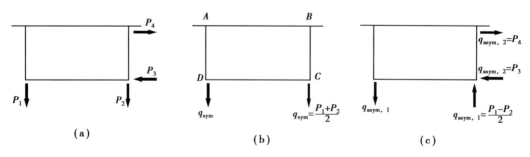

(a)　　　　　　　　　　(b)　　　　　　　　　　(c)

图 4.3　释放支承及反力分解

(1)对称荷载作用

在对称荷载作用下箱梁的横向弯矩较反对称荷载作用下箱梁的横向弯矩小得多,通常忽略不计,轴力的计算可按照 G. Knittle 的方法按下式计算,对应如图 4.4(a)所示箱梁的截面尺寸,上板 A 点、E 点轴力分别为

$$N_{AH} = \frac{q_{sym}}{I_x} A_{os} b_{os} y_s (拉) \tag{4.1}$$

$$N_{EH} = \frac{q_{sym}}{4I_x} (A_o \cdot b - 4A_{os} b_{os}) y_s (压) \tag{4.2}$$

腹板 D 点、F 点的轴力为

$$N_{DV} = q_{sym} (拉) \tag{4.3}$$

$$N_{FH} = \frac{q_{sym}}{4I_x} A_u b (h - y_s) (拉) \tag{4.4}$$

式中　A_{os}——悬臂板的截面积,$A_{os} = b_{os} t_o$;

　　　A_o——上板截面积,$A_o = b t_o$;

　　　A_u——下板截面积,$A_u = b t_u$;

　　　y_s——上板中心线到截面形心的距离;

　　　I_x——整个箱梁截面绕形心水平轴的惯性矩。

横向轴力分布如图 4.4(b)所示,上、下板为二次抛物线,腹板为三次抛物线。

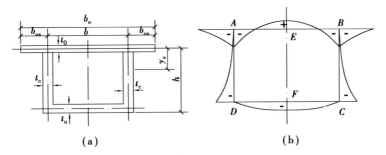

图 4.4　截面尺寸及轴力分布

(2)反对称荷载作用

反对称荷载作用下箱梁的横向内力分析是框架分析法的主要步骤,分以下 4 个方面说明:

①剪力及剪力差分析。剪力差是单位长度的微元框架沿坐标轴的剪力增量,对于框架分析来说,将它看成外荷载。

使箱梁产生横向变形的力可以分为使截面产生周边不变形的约束扭转及使周边产生畸变的力两个部分,在框架分析法中,不采用将外荷载分解为扭转荷载及畸变荷载两部分的办法。一般地,畸变理论认为箱梁的上、下板畸变力是反向等值的,而应用框架分析法推导的结果显示,对于一般的截面形式而言,它们是不相等的。关于这一点,可以用约束扭转的理论来说明。

带伸臂的箱形梁在扭转时是非自由的,截面的扭转剪力流(假设沿壁厚是均匀分布的)为

$$T_t = T_B + T_I \tag{4.5}$$

其中,下标 B 表示布莱特扭转,下标 I 表示约束扭转。

式(4.5)表明,约束扭转的结果是扭转剪力在上、下板的值是不相等的。也就是说,如果从箱梁取出一片框架,将作用在这片框架上前后两面的剪力差分解为扭转剪力差和畸变剪力差,那么上板扭转剪力差 t_s' 与下板扭转剪力差 t_x' 是不相等的。上板的畸变剪力差 T_s' 与下板的畸变剪力差 T_x' 也是不相等的。再设腹板上的扭转剪力差和畸变剪力差分别为 t_h' 和 T_h'。作用在微元框架上的荷载如图 4.5 所示,其中 t_s' 和 T_s' 包括了伸臂部分的扭转和畸变剪力差。这与原"TYL 框架法"的双对称截面不同。

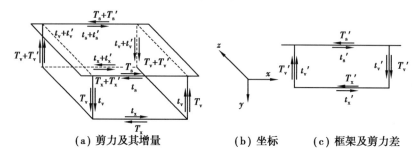

(a) 剪力及其增量　　**(b) 坐标**　　**(c) 框架及剪力差**

图 4.5　作用在微元框架上的荷载

在底板与腹板的交点(角点)处,平均扭转剪力相等,即

$$\frac{t_x'}{b} = \frac{t_v'}{h} \tag{4.6}$$

箱梁在反对称荷载作用下产生畸变,畸变翘曲应力在横截面上是直线分布的,如图 4.6 所示。设角点 A 的畸变翘曲应力为 σ_A,角点 D 的畸变翘曲应力为 σ_D,其比值为 β ($\beta = \sigma_D / \sigma_A$)。这些翘曲应力在箱梁的各板平面内组织成畸变内力矩,则上、下板及腹板的畸变内力矩 M_o、M_u、M_c 分别为

$$M_o = \frac{\sigma_A t_o}{6} \alpha_o^3 b^2 \tag{4.7}$$

$$M_u = \beta \frac{\sigma_A t_u}{6} b^2 \tag{4.8}$$

$$M_c = \frac{1 + \beta^3}{3 + (1 + \beta)^2} \sigma_A t_c b^2 \tag{4.9}$$

其中,$\alpha_o = b_0 / b$,$\beta = \dfrac{3 + \alpha_o^3 \cdot \dfrac{b}{h} \cdot \dfrac{t_o}{t_c}}{3 + \dfrac{b}{h} \cdot \dfrac{t_u}{t_c}}$,$\beta$ 由畸变翘曲应力对 y 轴的力矩平衡求得。

如图 4.6 所示,畸变翘曲应力组成的畸变内力矩对于水平轴 x 来说,其自平衡关系是很明显的。

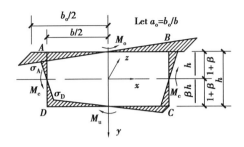

图 4.6　畸变翘曲应力分布

得到箱梁各板畸变内力矩后,根据弯矩与剪力的关系可得到各板中的畸变剪力差为

$$T'_s = M''_o = \sigma''_A \frac{t_o}{6} \alpha_o^3 b^2 \tag{4.10}$$

$$T'_x = M''_u = \sigma''_A \beta \frac{t_u}{6} b^2 \tag{4.11}$$

$$T'_v = M''_c = \sigma''_A \frac{1+\beta^3}{3(1+\beta)^2} t_c h^2 \tag{4.12}$$

进而得到以下关系:

$$T'_x = \frac{\beta}{\alpha_o^3} \frac{t_u}{t_o} T'_s \tag{4.13}$$

$$T'_v = \frac{2(1+\beta^3)}{\alpha_o^3(1+\beta)^2} \left(\frac{h}{b}\right)^2 \frac{t_c}{t_o} T'_s \tag{4.14}$$

式(4.13)表明,在双对称截面情况下($t_u = t_o$,$a_o = 1$,$\beta = 1$),有 $T'_s = T'_x$,一般情况下,$T'_x \neq T'_s$,也就是说,一般箱梁截面上、下翼缘板的畸变内剪力是不相等的。

②内力及位移分析。箱梁的畸变引起横向内力,其位移与内力的关系在畸变理论中用畸变角表示。因框架取自箱梁,故按框架计算求的位移应与箱梁的畸变位移协调。

框架各杆的弯矩与剪力有确定的关系。框架沿竖轴对称,在反对称荷载作用下,上、下杆的反弯点位于对称轴线上,剪力分别设为 S_s 和 S_x,而腹杆的反弯点应作进一步的分析。设腹杆的剪力为 S_h(图 4.7),其反弯点高度将杆分为上、下两段的比例为 $1/\eta_m$,即上段为 $h/(1+\eta_m)$,下段长为 $\eta_m h/(1+\eta_m)$。

由角点弯矩平衡可以得到各剪力的关系为

$$S_h = \frac{1+\eta_m}{2} \cdot \frac{b}{h} \cdot S_s \tag{4.15}$$

$$S_x = \eta_m S_s \tag{4.16}$$

框架相对侧移(图 4.8)为

$$\Delta = \frac{\eta_1 h^3}{12EI_v} S_h \tag{4.17}$$

其中，

$$\eta_1 = 1 + \frac{2\dfrac{b}{h} + 3\dfrac{I_o + I_u}{I_v}}{\dfrac{I_o + I_u}{I_v} + 6\dfrac{b}{h} \cdot \dfrac{I_o I_u}{I_v^2}} \tag{4.18}$$

以上两式是用结构力学的方法分析框架得到的，还可以得到

$$S_s = 2S_h \cdot \frac{\dfrac{3h^2}{bI_v} + \dfrac{b}{bI_u}}{\dfrac{1}{I_o} + \dfrac{1}{I_u} + \dfrac{6h}{bI_v}} \tag{4.19}$$

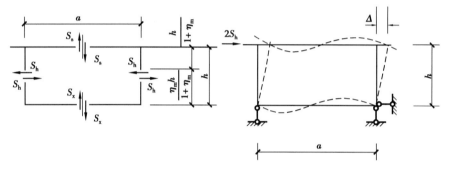

图 4.7　框架剪力　　　　　图 4.8　框架相对位移

于是，将式(4.15)与式(4.19)比较可以求得系数 η_m 的表达式为

$$\eta_m = \frac{3 + \dfrac{b}{h} \cdot \dfrac{I_v}{I_o}}{3 + \dfrac{b}{h} \cdot \dfrac{I_v}{I_u}} \tag{4.20}$$

其中，

$$I_o = \frac{t_o^3}{12(1 - u^2)}; I_v = \frac{t_c^3}{12(1 - u^2)}; I_u = \frac{t_u^3}{12(1 - u^2)} \tag{4.21}$$

式中　t_o、t_v、t_u——上板、腹板和下板的厚度。

在小变形情况下，框架的畸变角为

$$\gamma_1 = \frac{\Delta}{h} = \frac{\eta_1 h^2}{12EI_v} \cdot S_h \tag{4.22}$$

在框架分析法中，箱梁截面的畸变位移由各板的位移求得。如图 4.9 所示的各畸变位移可表达为

$$\Delta_v = \alpha \cdot \frac{T_v'}{EJ_v}, \Delta_s = \alpha \cdot \frac{T_s'}{EJ_s}, \Delta_x = \alpha \cdot \frac{T_x'}{EJ_x} \tag{4.23}$$

其中，

$$J_v = \frac{t_c h^3}{12}; J_s = \frac{t_o b_o^3}{12}; \quad J_x = \frac{t_u b^3}{12}$$

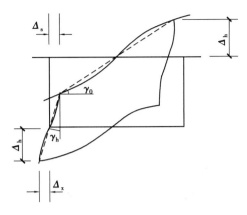

图 4.9　箱梁畸变位移

系数 α 取决于箱梁的支承形式与荷载形式。在均布荷载下,简支箱梁的 α 为

$$\alpha = \begin{cases} \dfrac{5L_o^4}{384} & \left(\dfrac{L_o}{2} \text{ 截面}\right) \\[3mm] \dfrac{57}{80} \cdot \dfrac{5L_o^4}{384} & \left(\dfrac{L_o}{4} \text{ 截面}\right) \end{cases} \tag{4.24a}$$

在半波正弦荷载下,简支箱梁的 α 为

$$\alpha = \begin{cases} \dfrac{L_o^4}{\pi^4} & \left(\dfrac{L_o}{2} \text{ 截面}\right) \\[3mm] 0.707 \cdot \dfrac{L_o^4}{\pi^4} & \left(\dfrac{L_o}{4} \text{ 截面}\right) \end{cases} \tag{4.24b}$$

其中,L_o 为梁的计算跨距。

如图 4.9 所示的畸变角为

$$\gamma = \gamma_v + \gamma_o = \frac{\Delta_s + \Delta_x}{h} + \frac{2\Delta_v}{b} \tag{4.25}$$

式(4.25)与式(4.22)的 γ 值应相等,将式(4.23)代入式(4.25)后得

$$\frac{a}{E}\left(\frac{2T'_v}{bJ_v} + \frac{T'_s}{hJ_s} + \frac{T'_x}{hJ_x}\right) = \frac{\eta_1 h^2}{12EI_v} \cdot S_h \tag{4.26}$$

由此

$$\frac{\eta_1 h^2}{12EI_v} \cdot S_h = \frac{2S_h h^2}{24EI_v} + \frac{S_s b^2}{24EI_o} + \frac{S_x b^2}{24EI_u} \tag{4.27}$$

③外力、内力的平衡关系。简便起见,将如图 4.3(c)所示的水平反对称荷载用 P_s 表示,竖直反对称荷载用 P_v 表示。

由水平力的平衡(图 4.10):

框架上部:

$$2S_h + T'_s = t'_s + P_s \tag{4.28}$$

框架下部：

$$2S_h + T'_x = t'_x + P_s \qquad (4.29)$$

由竖向力的平衡(图4.11)：

框架左、右半部：

$$S_x + S_s + T'_v + t'_v = P_v \qquad (4.30)$$

此外还应该满足转动平衡条件。

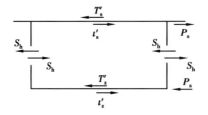
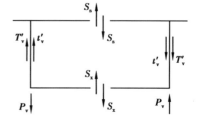

图 4.10　水平力的平衡　　　　图 4.11　竖向力的平衡

④内力的计算。以框架各板的内剪力和剪力差(包括畸变剪力差与扭转剪力差)，即 S_s、S_x、S_h、T'_s、T'_x、T'_v、t'_s、t'_x、t'_v 为未知数，由上述分析，可以建立 9 个独立的线性方程组来求解。其中许多未知量间仅有一系数之差，不需要联立求解。采用适当的方法，如以 S_s 为求解对象，最后归为一个式子，这样用手算求解也十分简便。

求得框架的内剪力 S_s、S_x、S_h 后，即可得到框架的角点弯矩与各杆的轴力。弯矩与轴力分布示意图如图 4.12 所示。

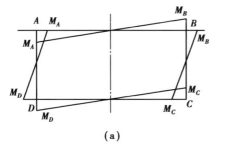
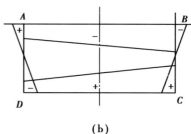

（a）　　　　　　　　　　　　（b）

图 4.12　弯矩与轴力分布

4.1.3　箱梁横向内力分析步骤

按照上节分析，最终进行横向内力分析的步骤总结如图 4.13 所示。

首先针对荷载作用下的箱梁，在计算断面处取单位长度框架，施加刚性支承，采用结构力学方法求得其内力分布和支承反力。将支承反力分别分解为对称荷载和反对称荷载情形，分别单独进行分析。对对称荷载情形，可直接由相关公式求得内力分布；而对反对称荷载，先需要由箱梁截面几何特性参数联立推出内剪力及畸变剪力差公式，再结合反对称反力求得内力分布。最终将 3 种内力分布进行叠加，即得到箱梁的横向内力分布。

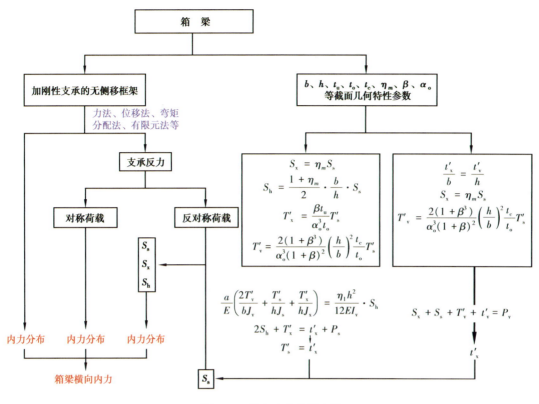

图 4.13　横向内力分析步骤

4.1.4　小结

钢-UHPC 桥面板组合箱梁横向力计算以框架分析法作为基本理论,将钢-UHPC 桥面板组合箱梁的三维问题转化为平面问题,在箱梁的长度方向上截取单位长度的薄片框架,保证框架的变形与整个梁体协调一致,进而采用一般的结构力学方法分析。分析时为了便于求解适当引入支承,这些支承中有些实际并不存在,需要消除其影响。

4.2　低收缩 UHPC 加筋板抗弯试验

4.2.1　试验方法

1)试件设计

根据试验内容,共设计 6 组,30 个试件。考察的结构行为包括:①低收缩 UHPC 混凝土板开裂应力;②低收缩 UHPC 混凝土板裂缝达到 0.1 mm、0.15 mm、0.2 mm 时的名义拉应力及弹性恢复能力;③低收缩 UHPC 混凝土板加载全过程结构行为;④不同配筋率和钢筋种类对低收缩 UHPC 混凝土板抗弯性能的影响;⑤养护方式。

第 1 组为钢筋网尺寸为 60 mm×100 mm 的低收缩 UHPC 混凝土板试件,钢筋强度和直径分别为 HRB400、$D=10$ mm,试件编号为低收缩 UHPC-60T;第 2 组为钢筋网尺寸为 30 mm×100 mm 的低收缩 UHPC 混凝土板试件,试件尺寸、钢筋强度和直径分别为同第 1 组,试件编号为低收缩 UHPC-30T;第 3 组试件尺寸及同钢筋网尺寸第 2 组,但钢筋采用破断强度 1 600 MPa 的高强钢丝,直径 $D=5$ mm,试件编号为低收缩 UHPC-30S;第 4 组试件尺寸和配筋同第 2 组,但将纵横向钢筋的竖向位置互换,试件编号为低收缩 UHPC-30H;第 5 组试件尺寸、钢筋位置同第 4 组,但钢筋根数改为 9 根,试件编号为低收缩 UHPC-40H;第 6 组试件的构造同第 3 组,但采用加热养护,试件编号为低收缩 UHPC-40R。试件构造如图 4.14—图 4.16 所示。

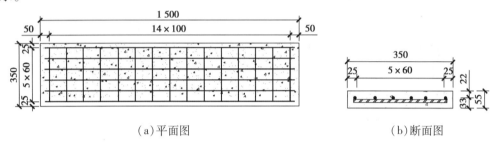

(a)平面图　　　　　　　　　　　　(b)断面图

图 4.14　低收缩 UHPC-60 试件构造(单位:mm)

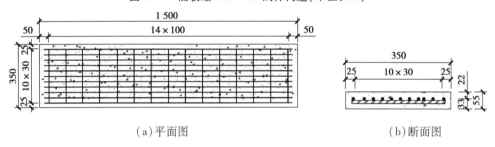

(a)平面图　　　　　　　　　　　　(b)断面图

图 4.15　低收缩 UHPC-30 及低收缩 UHPC-30S 试件构造(单位:mm)

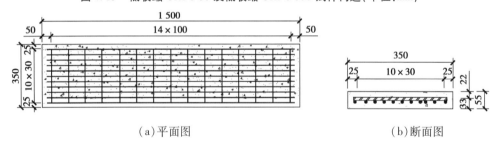

(a)平面图　　　　　　　　　　　　(b)断面图

图 4.16　低收缩 UHPC-30H 试件构造(单位:mm)

从理论分析来看,低收缩 UHPC-30T 和低收缩 UHPC-30R 对裂缝约束可能较好,这两类试件数量较多。试件的主要参数及数量汇总见表 4.1。各试件的钢纤维掺量均为 3%。

表 4.1　加筋低收缩 UHPC 板抗弯性能试件汇总

试件编号	钢筋种类	钢筋数量/根	钢筋重心至受拉边距离/mm	试件数量	养护方式
低收缩 UHPC-30T	HRB400	11	17	12	常规养护

续表

试件编号	钢筋种类	钢筋数量/根	钢筋重心至受拉边距离 /mm	试件数量	养护方式
低收缩 UHPC-30S	高强钢丝	11	17	3	常规养护
低收缩 UHPC-60T	HRB400	6	17	3	常规养护
低收缩 UHPC-30H	HRB400	11	27	3	常规养护
低收缩 UHPC-40H	HRB400	9	27	3	常规养护
低收缩 UHPC-30R	HRB400	30	17	6	热养护

2）加载测试方法

（1）加载

低收缩 UHPC 混凝土板采用两点对称加载，加载装置如图 4.17 所示。采用 300 kN 千斤顶加载，并配 300 kN 力传感器测试所施加的荷载。

图 4.17　低收缩 UHPC 加筋板加载测试装置

加载程序如下：

①按开裂荷载的 40%（约 5 kN）反复加载 4 次，进行预载，检查测试系统和加载系统的工作状况，并消除非弹性变形，直到加载变形和卸载恢复变形大致相同为止。

②分两级加载至 5 kN，稳载 5～10 min，测量挠度、应变。

③以每级 2 kN 的荷载步长加载至 9 kN，测量挠度、应变。

④将荷载步长减小至 1 kN，加载至 12 kN（开裂荷载），稳载过程中仔细查找裂缝，并测量挠度、应变。

⑤重复第④步直至混凝土开裂。

⑥当裂缝宽度达到 0.1 mm、0.15 mm、0.2 mm 时，测试挠度、应变，然后缓慢卸载为零。

⑦弹性恢复力测试完毕后，以 4 kN 为步长继续加载至试件破坏，每 1 级荷载的稳载时间为 10 min，稳载后测量挠度、应变。

（2）测试

该试验的测试内容较多,包括裂缝宽度、挠度、应变等。裂缝宽度采用智能裂缝宽度仪读取。挠度采用位移传感器测量(精度 3/1 000 mm),挠度测点布置如图 4.17 所示。由于试件长度较短,因此仅在支座处和跨中布置了 3 组位移测点。

在纵向钢筋上和混凝土顶、底面布置有应变片,钢筋片的位置布置范围为跨中左右各 200 mm 范围内,间距为 100 mm,混凝土片布置在跨中位置(图 4.18、图 4.19)。钢筋片在低收缩 UHPC 混凝土开裂后仍可继续测量钢筋应变,可获得加载全过程受压区混凝土和受拉钢筋的应变。

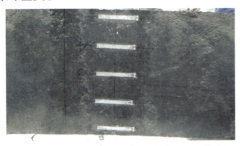

图 4.18 混凝土应变片布置

图 4.19 钢筋应变片布置

图 4.20 正在绑扎的钢筋网片

4.2.2 加载全过程结构行为

本节以低收缩 UHPC-30T 试件为代表,探究加筋板的抗裂、裂缝发展、挠度发展及破坏形态,其他因素的影响在后各节中研究。

1)抗裂性能及裂缝开展

表 4.2 中给出了 12 个低收缩 UHPC-30T 试件的开裂应力及典型裂缝宽度对应的名义拉应力。名义拉应力是采用裂缝宽度达到某一量值时的荷载,并采用未开裂截面,按弹性理论计算得到的应力,如裂缝宽度为 0.1 mm 时的名义应力为裂缝宽度为 0.1 mm 时的荷载与未开裂截面的几何特性计算得到的应力。名义拉应力是工程中度量裂缝宽度的一种方法,在部分规范中验算裂缝宽度即采用名义拉应力法。

表 4.2　加筋低收缩 UHPC 板开裂及裂缝宽度

试件编号	开裂应力/MPa	名义拉应力/MPa		
		裂缝宽度 0.1 mm	裂缝宽度 0.15 mm	裂缝宽度 0.2 mm
低收缩 UHPC-30T-1	10.5	32.4	36.9	47.5
低收缩 UHPC-30T-2	12.9	32.9	50.9	58.4
低收缩 UHPC-30T-3	12.7	32.4	42.8	51.1
低收缩 UHPC-30T-4	12.6	29.3	38.7	49.0
低收缩 UHPC-30T-5	12.7	37.9	47.7	53.2
低收缩 UHPC-30T-6	12.6	32.4	43.8	55.2
低收缩 UHPC-30T-7	13.8	58.0	65.6	71.8
低收缩 UHPC-30T-8	12.6	59.4	72.9	78.1
低收缩 UHPC-30T-9	13.8	65.6	69.8	80.1
低收缩 UHPC-30T-10	13.8	29.3	31.3	35.3
低收缩 UHPC-30T-11	11.7	57.3	71.8	81.0
低收缩 UHPC-30T-12	15.9	62.5	63.5	68.5
均值	13.0	44.1	53.0	60.8
方差	1.2	14.2	14.3	14.2

由表可知,12 个加筋板的开裂应力均值与素低收缩 UHPC 板的开裂应力基本持平,且方差仅 1.2 MPa。这表明,就开裂应力而言,目前的低收缩 UHPC 配方和工艺已基本成熟,可以获得稳定的抗拉强度。

从名义应力来看,加筋低收缩 UHPC 板具有良好的约束裂缝的性能,裂缝宽度达到 0.1 mm 时,名义应力的均值可达 44.1MPa。对裂缝宽度验算,需要具有 85% 保证率,此时裂缝宽度达到 0.1 mm、0.15 mm、0.2 mm 时的名义应力分别可为 29.9MPa、39.7MPa、46.6MPa。

低收缩 UHPC 具有良好的裂缝约束能力还可从裂缝的发展过程和破坏时的裂缝形态看到。如图 4.21—图 4.32 所示为部分试件的裂缝发展过程和破坏时的裂缝情况。

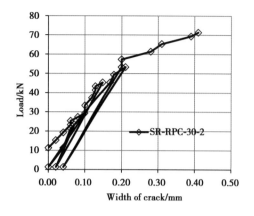

图 4.21 低收缩 UHPC-30T-2 裂缝随荷载发展

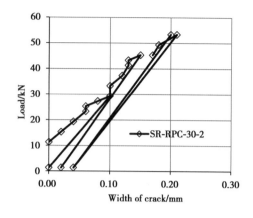

图 4.22 低收缩 UHPC-30T-2 循环加载

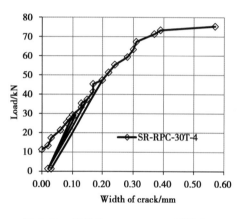

图 4.23 低收缩 UHPC-30T-4 裂缝发展

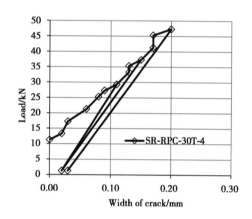

图 4.24 低收缩 UHPC-30T-4 循环加载

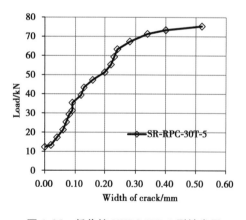

图 4.25 低收缩 UHPC-30T-5 裂缝发展

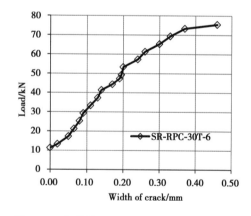

图 4.26 低收缩 UHPC-30T-6 裂缝随荷载发展

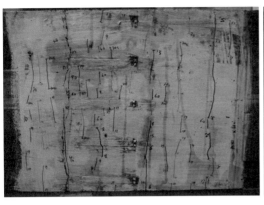

图 4.27　低收缩 UHPC-30T-1 受拉侧裂缝　　　　图 4.28　低收缩 UHPC-30T-3 受拉侧裂缝

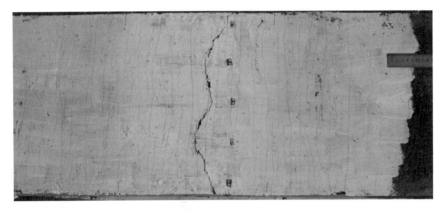

图 4.29　低收缩 UHPC-30T-7 受拉侧裂缝

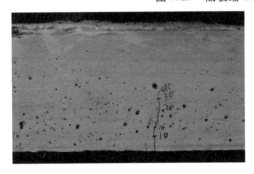

图 4.30　低收缩 UHPC-30T-8 裂缝发展历程　　　图 4.31　低收缩 UHPC-30T-4 裂缝发展历程

图 4.32　低收缩 UHPC-30T-5 侧面裂缝

低收缩 UHPC 加筋板刚开裂时,裂缝极细、短,需要用放大镜仔细寻找才能发现,由于钢纤维对裂缝的约束,刚出现的裂缝,宽度均小于 0.02 mm(裂缝宽度仪仅仅能识别出裂缝,不能识别缝宽),没有出现普通钢筋混凝土构件一旦开裂即有一定宽度的现象。开裂后低收缩 UHPC 板的裂缝发展十分稳定。在钢筋屈服前,随着荷载的增加裂缝宽度缓慢增长(图 4.21—图 4.26),一般每增加 4 kN 裂缝宽度仅增加 0.02 mm,甚至不增加(在裂缝宽度小于 0.1 mm 时尤其如此)。裂缝沿梁高的延伸十分缓慢,尤其是当裂缝延伸至钢筋位置处后,裂缝几乎不再向上延伸(图 4.30—图 4.31),在此期间裂缝大量出现,所有 12 块板在破坏前的裂缝数量可达 100 条以上(图 4.27—图 4.29),平均裂缝间距为 15 mm 左右。当钢筋屈服后,裂缝宽度迅速增加,由于板式构件在同一层的钢筋数量较多,并不是所有钢筋都同时屈服,因此,裂缝仍受到一定的约束,直到破坏前 1~2 级荷载,裂缝宽度才会突增,1 级荷载导致的裂缝宽度增量可达 0.1 mm 以上,此时宽度可达 0.3~0.5 mm。

试验中当裂缝宽度达到 0.1 mm、0.15 mm、0.2 mm 时,进行了循环加载。从图 4.22、图 4.24 可知,当裂缝宽度为 0.1 mm 时卸载,所有试件裂缝均能够闭合;当裂缝宽度为 0.15 mm 时卸载,部分试件裂缝不能完全闭合,但残余裂缝宽度仅 0.02 mm;当裂缝宽度为 0.2 mm 时卸载,裂缝也不能闭合,残余裂缝宽度为 0.02~0.04 mm。重新加载回原荷载时,裂缝宽度基本均返回原裂缝宽度,尤其是裂缝宽度不大于 0.15 mm 时。这表明当裂缝宽度不大于 0.2 mm 时,低收缩 UHPC 加筋板仍处于弹性工作阶段,卸载后具有良好的裂缝闭合能力。其原因在于,卸载后不仅钢筋的回弹对裂缝闭合有贡献,钢纤维的回弹也可使裂缝闭合。

2)挠度

如图 4.33—图 4.38 所示为部分试件的加载全过程挠度曲线。从图中可知,低收缩 UHPC 加筋板的荷载-挠度曲线可分为 3 个阶段:

其一为整体工作阶段,在这一阶段,裂缝尚未出现(对比图 4.25、图 4.26 和图 4.33、图 4.34 的开裂荷载可知),全截面参加工作,刚度较大。

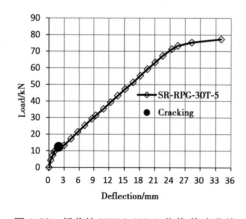

图 4.33　低收缩 UHPC-30T-5 荷载-挠度曲线

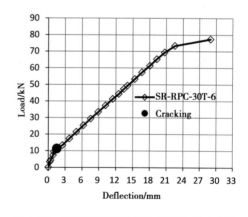

图 4.34　低收缩 UHPC-30T-6 荷载-挠度曲线

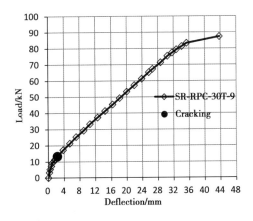

图 4.35　低收缩 UHPC-30T-9 荷载-挠度曲线

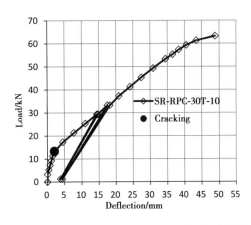

图 4.36　低收缩 UHPC-30T-10 荷载-挠度曲线

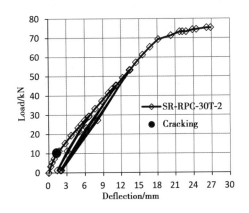

图 4.37　低收缩 UHPC-30T-2 荷载-挠度曲线

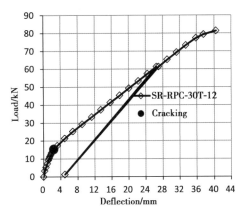

图 4.38　低收缩 UHPC-30T-12 荷载-挠度曲线

其二为带裂缝工作阶段,此时裂缝已出现,荷载-挠度曲线的斜率减小,截面刚度有所下降,但钢筋和钢纤维对裂缝有较好的约束作用,在此工作阶段裂缝延伸高度不高,刚度不会持续下降,荷载-挠度基本呈线性关系(图 4.33—图 4.35),挠度的发展与裂缝的发展是协调的。

其三为屈服破坏阶段。在此阶段,由于裂缝的发展,截面刚度持续下降,荷载-挠度曲线的斜率逐渐减小,当钢筋全部屈服后,裂缝失去可靠约束,裂缝快速延伸,刚度减小明显,此时可听到钢纤维被拔出时的"咔嗒"声,在 1 ~ 2 级荷载后试件破坏。破坏前试件挠曲明显,破坏时的挠度可达 27 ~ 47 mm。

上述工作特点与普通混凝土受弯构件类似,但由于钢纤维的作用,在开裂后,刚度的下降要经历 1 ~ 3 级荷载,在屈服时,刚度的下降有一个缓慢的过程。

低收缩 UHPC-30 试件的配筋率达 4.5%,部分试件的屈服破坏段不明显(图 4.36、图 4.38),表现为一屈服即破坏,具有界限破坏的特点。根据这一现象,可以推知,对采用 160 级低收缩 UHPC 混凝土、钢筋为 HRB400 的受弯构件,其最大配筋率为 4.5% ~ 5% 。截面尺寸与本次试验的试件尺寸相同时,根据界限受压区高度计算,对 C80 混凝土,最大配筋率约为 2.1% ;对 C50 混凝土,最大配筋率为 2.2% 。可见,低收缩 UHPC 受弯构件的最大配筋率较普通混凝土梁要大 2 倍以上。由于低收缩 UHPC 可以使用高配筋率,相同荷载下,钢筋应变小(见下节),加之钢纤维可约束裂缝,这对增大截面刚度,减小裂缝宽度均十分有利,因此配有适量钢筋的低收缩 UHPC 具有良好的正常使用性能。

在循环荷载作用下,低收缩 UHPC 表现出良好的弹性恢复能力(图 4.36—图 4.38),在裂缝宽度为 0.1 mm、0.15 mm、0.2 mm 卸载时,残余变形仅为 0.2 ~ 0.5 mm,可恢复变形为总变形的 75% ~85%,裂缝宽度越大,可恢复变形占总变形的比例越大。其原因在于,不可恢复的变形主要是由裂缝的微小错动所致,无论荷载大小,其影响相差不大,这一点从图 4.36、图 4.37 可知。

低收缩 UHPC-30T-3、低收缩 UHPC-30T-9 破坏前挠曲情况如图 3.39、图 3.40 所示。

图 4.39　低收缩 UHPC-30T-3 破坏前挠曲情况　　图 4.40　低收缩 UHPC-30T-9 破坏前挠曲情况

3)应变及破坏

如图 4.41—图 4.49 所示为钢筋应变、顶面混凝土应变随荷载发展的情况。将图 4.41—图 4.46 与图 4.21—图 4.26 进行对比可知,受拉侧的开裂对截面应变影响明显,开裂后钢筋应变和混凝土应变均有突增的现象。其后,钢筋应变和混凝土应变均随荷载大致呈线性增长。在应变接近 2 500 με 时,钢筋开始屈服,应变快速增长,同时,混凝土应变可达 2 300 με 以上,接近压溃。1 ~2 级荷载后,钢筋全部屈服,受压区混凝土压溃,对照图 4.33—图 4.35 可知,此时,试件达到最大承载能力。在压溃阶段混凝土有一定塑性,压溃时应变有所回缩或不变,在混凝土应变曲线上表现出应变不变或减小。

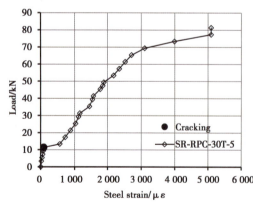
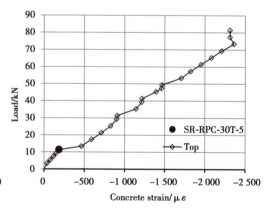

图 4.41　低收缩 UHPC-30T-5 钢筋应变　　　　图 4.42　低收缩 UHPC-30T-5 混凝土顶面应变

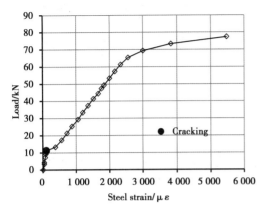

图 4.43　低收缩 UHPC-30T-6 钢筋应变

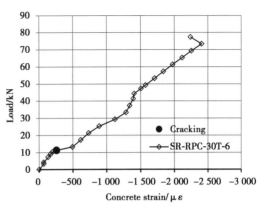

图 4.44　低收缩 UHPC-30T-6 混凝土顶面应变

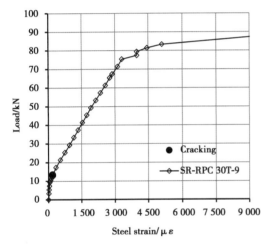

图 4.45　低收缩 UHPC-30T-9 钢筋应变

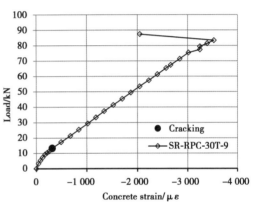

图 4.46　低收缩 UHPC-30T-9 混凝土顶面应变

图 4.47　低收缩 UHPC-30T-2 顶面压溃

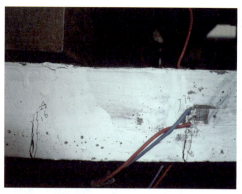

图 4.48 低收缩 UHPC-30T-6 顶面压溃

图 4.49 低收缩 UHPC-30T-11 顶面压溃

从上述分析可知,低收缩 UHPC-30T 加筋板的破坏始于受拉钢筋的屈服,以受压区混凝土的压溃而告终,为适筋破坏。综合荷载-挠度曲线和应变曲线,破坏接近界限破坏,验证了低收缩 UHPC 受弯构件的最大配筋率为 4.5% ~ 5%。需补充说明的是,在低收缩 UHPC 加筋板破坏时,可能出现不止 1 条主裂缝。

对比图 4.25、图 4.26 与图 4.41、图 4.43,当裂缝宽度达到 0.2 mm 时,钢筋应变已达 2 000 $\mu\varepsilon$,其应力约为 400 MPa,约为 HRB400 钢筋的屈服应力。可见在正常使用极限状态,采用 HRB400 钢筋的低收缩 UHPC 加筋构件,对钢筋的抗拉能力利用充分。

4.2.3 钢筋配置的影响

本次试验考察了 4 种配筋形式和两种钢筋,低收缩 UHPC-30T 试件的详细情况在上一节中已进行深入探讨,本节对钢筋位置、配筋率、钢筋强度的影响进行研究。

1)抗裂性能及裂缝发展

对于钢筋混凝土构件来说,由于钢筋面积较混凝土截面小得多,因此配筋率和钢筋位置对抗裂性能影响不大,在加筋低收缩 UHPC 板中呈现出相同的规律。从表 4.3 可知,5 种常规养护试件的开裂应力均在 13 MPa 左右,这一数值与后文素低收缩 UHPC 板接近,这表明配筋率、钢筋位置、钢筋强度对加筋低收缩 UHPC 受弯构件抗裂性能的影响可忽略。

表 4.3　加筋低收缩 UHPC 板钢筋种类、数量、位置对抗裂性影响

试件编号	钢筋种类	钢筋数量/根	钢筋至受拉边距离/mm	开裂应力均值/MPa	名义拉应力/MPa		
					裂缝宽度 0.1 mm	裂缝宽度 0.15 mm	裂缝宽度 0.2 mm
低收缩 UHPC-30T	HRB400	11	17	13.0	44.1	53.0	60.8
低收缩 UHPC-30S	1 600 MPa 高强钢丝	11	17	12.3	18.8	21.7	23.2
低收缩 UHPC-60T	HRB400	6	17	12.9	25.5	30.9	35.9
低收缩 UHPC-30H	HRB400	11	27	14.0	36.1	39.2	43.5
低收缩 UHPC-40H	HRB400	9	27	13.7	30.6	34.0	38.0

　　配筋率对裂缝约束能力的影响是显而易见的。低收缩 UHPC-30T、低收缩 UHPC-60T 的配筋率分别为 4.5% 和 2.4%，而低收缩 UHPC-30T 裂缝宽度为 0.1 mm、0.15 mm、0.2 mm 时的名义拉应力约为低收缩 UHPC-60T 的 1.7 倍，与两者配筋的相对比例基本相同，对低收缩 UHPC-30H 和低收缩 UHPC-40H 也有相似的规律。对比图 4.50—图 4.53 还可知，在相同荷载作用下，低收缩 UHPC-60T 的裂缝宽度明显比低收缩 UHPC-30T 大。且在循环荷载作用下，低收缩 UHPC-60T 的裂缝宽度比卸载前大，在裂缝宽度为 0.2 mm 时，这一现象尤其明显。

　　钢筋位置对裂缝约束能力的影响十分明显。在配筋率相同的情况下，保护钢筋越靠近受拉边缘，对裂缝的约束能力越强。低收缩 UHPC-30H 与低收缩 UHPC-30T 钢筋位置相差 10 mm，在裂缝宽度相同时，前者的名义拉应力明显小于后者，而且裂缝宽度越大，两者的差距越大。此外，对比图 4.50、图 4.51 与图 4.54、图 4.55 可知，低收缩 UHPC-30H 与低收缩 UHPC-30T 有相同的配筋率，但前者对裂缝的约束能力明显比后者差，当荷载均为 50 kN 时，前者的裂缝宽度几乎是后者的两倍。由此可知，受拉钢筋的保护层厚度是影响裂缝宽度的重要因素。

　　从理论上来说，低收缩 UHPC 具有超高的抗压强度，配置高强钢丝有利于发挥混凝土的高强性能。但试验表明，当受拉钢筋的抗拉能力相同时，配置高强钢丝将使配筋率明显下降。以本次试验的低收缩 UHPC-30T、低收缩 UHPC-30S 为例，高强钢丝的抗拉强度达到 HRB400 钢筋的 4 倍，相同抗拉能力时，低收缩 UHPC-30S 的配筋率仅为低收缩 UHPC-30T 的 1/4。由表 4.3 可知，相同裂缝宽度时，低收缩 UHPC-30T 的名义应力比低收缩 UHPC-30S 要低得多。从图 4.56、图 4.57 可知，低收缩 UHPC-30S 试件的裂缝发展速度明显比低收缩 UHPC-30T 快。

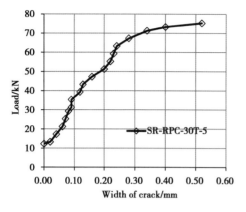

图 4.50　低收缩 UHPC-30T-5 裂缝随荷载发展

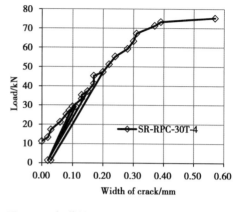

图 4.51　低收缩 UHPC-30T-4 裂缝随荷载发展

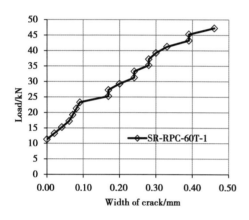

图 4.52　低收缩 UHPC-60T-1 裂缝随荷载发展

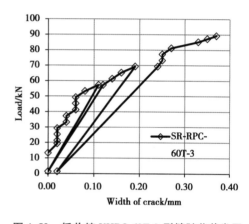

图 4.53　低收缩 UHPC-60T-3 裂缝随荷载发展

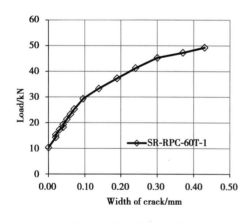

图 4.54　低收缩 UHPC-30H-1 裂缝随荷载发展

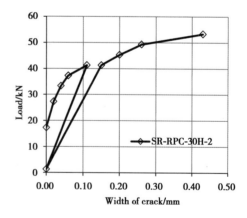

图 4.55　低收缩 UHPC-30H-2 裂缝随荷载发展

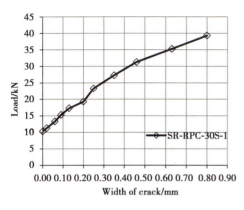

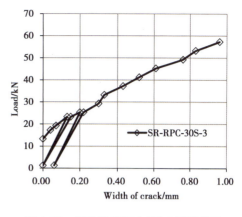

图 4.56　低收缩 UHPC-30S-1 裂缝发展　　　　图 4.57　低收缩 UHPC-30S-3 裂缝发展

从图 4.58、图 4.59 所示的裂缝发展历程可直观地看出两者裂缝发展速度的不同。其原因在于,裂缝宽度和延伸高度与钢筋应力是成正比的,低收缩 UHPC-30S 的配筋率只有低收缩 UHPC-30T 的 1/4,意味着相同荷载下,低收缩 UHPC-30S 钢筋应力是低收缩 UHPC-30T 的 4 倍,前者的裂缝宽度和延伸高度均比后者大。

图 4.58　低收缩 UHPC-30T-3 裂缝发展历程

图 4.59　低收缩 UHPC-30S-2 裂缝发展历程

2）挠度和抗弯承载能力

由 4.2.2 节的分析可知,挠度的发展与裂缝的发展密切相关。根据前述对裂缝发展规律的分析,可以推知,配筋率、钢筋位置、钢筋强度对挠度发展有明显影响。配筋率越高,抗弯刚度越大,相同荷载下的挠度越小;钢筋位置越靠近受拉边缘,抗弯刚度越大;在相同抗拉能力下,选用低强度的钢筋,可以获得较大的配筋率,从而提高截面刚度,减小下挠。这些分析从图 4.60—图 4.69 所示中可获得证实。

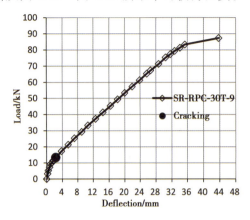

图 4.60　低收缩 UHPC-30T-9 荷载-挠度曲线

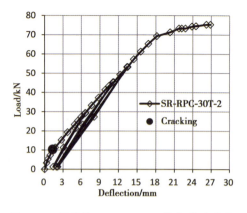

图 4.61　低收缩 UHPC-30T-2 荷载-挠度曲线

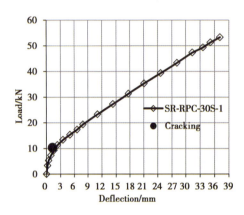

图 4.62　低收缩 UHPC-30S-1 荷载-挠度曲线

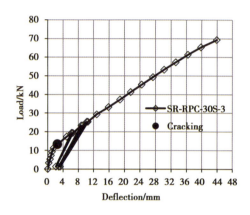

图 4.63　低收缩 UHPC-30S-3 荷载-挠度曲线

图 4.64　低收缩 UHPC-30T-3 破坏前挠曲情况

图 4.65　低收缩 UHPC-30S-2 破坏前挠曲情况

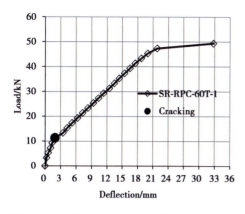

图 4.66　低收缩 UHPC-60T-1 荷载-挠度曲线

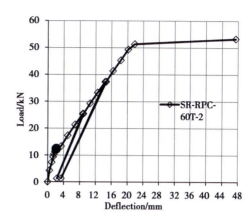

图 4.67　低收缩 UHPC-60T-2 荷载-挠度曲线

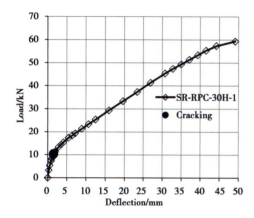

图 4.68　低收缩 UHPC-30H-1 荷载-挠度曲线

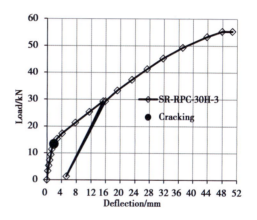

图 4.69　低收缩 UHPC-30H-3 荷载-挠度曲线

在钢筋强度、截面尺寸、混凝土强度相同时,配筋率和钢筋位置对抗弯承载力有明显影响,前者直接决定了钢筋的抗拉能力,后者则影响受拉区和受压区的力臂长度。试验表明,各组常规养护试件的抗弯承载力不同,按承载力大小依次为:低收缩 UHPC-30T,低收缩 UHPC-30H,低收缩 UHPC-40H,低收缩 UHPC-60T(表 4.4)。

值得一提的是,低收缩 UHPC-30S 并未表现出很高的抗弯承载能力,而且从荷载-挠度曲线可知,此类试件未见屈服破坏段,而是在裂缝稳定发展的过程中破坏的,有一定的脆性性质。

表 4.4　加筋低收缩 UHPC 板抗弯承载力比较

试件编号	钢筋种类	钢筋数量/根	钢筋重心至受拉边距离/mm	抗弯承载力/(kN·m)
低收缩 UHPC-30T	HRB400	11	17	15.3
低收缩 UHPC-30S	高强钢丝	11	17	12.1
低收缩 UHPC-60T	HRB400	6	17	9.6
低收缩 UHPC-30H	HRB400	11	27	11.7
低收缩 UHPC-40H	HRB400	9	27	9.7

最后需要讨论的问题是低收缩 UHPC 加筋板的保护层厚度。设置保护层的目的有两个:其一为保护钢筋,保证耐久性;其二为保证混凝土对钢筋的握裹,使钢筋的拔出应力有充足的扩散空间。根据现行规范,钢筋的净保护层厚度不小于 15 ~ 20 mm。本次试验低收缩 UHPC-30T 试件的净保护层厚度仅 12 mm,但直至试件破坏,钢筋均未有将被拔出的迹象。事实上,UHPC-钢筋拔出试验的结果表明,UHPC 混凝土抗拉强度高,不会出现劈拉破坏,其锚固长度仅需 $5d$ (d 为钢筋直径),远小于普通混凝土的 $20d$。即使保护层厚度仅为 12 mm 也可保证低收缩 UHPC 对钢筋的握裹。此外,现有研究表明,低收缩 UHPC 不添加粗骨料时,无界面微裂缝,其抗渗性远较普通混凝土好。综合上述因素,低收缩 UHPC 的保护层厚度大致可取为 15 mm。

4.2.4 养护方式的影响

本次试验的试件采用了两种养护方式,低收缩 UHPC-30T 和低收缩 UHPC-30R 试件的截面尺寸、钢筋配置完全相同,前者为常规养护,后者为加热养护。本节根据这两类试件的试验结果对养护方式的影响进行分析。

1)抗裂性能及裂缝发展

由表 4.5 可知,两类试件的抗裂性能和裂缝约束能力均有不错的表现,热养护试件的开裂应力,相同裂缝宽度下的名义拉应力均比常规养护高。这是由于热养护加快了水化反应,增强了水泥基材料对钢纤维的握裹力,钢纤维的作用发挥更为充分。

稍偏安全地,将后文钢纤维掺量为 2.5% 的素低收缩 UHPC 板弯曲抗拉强度也参与分析,共 10 个试件统计结果,热养护低收缩 UHPC 的弯曲抗拉强度均值 15.2MPa,均方差为1.4。

表 4.5 加筋低收缩 UHPC 板养护方式对抗裂性影响

试件编号	钢筋种类	钢筋数量/根	钢筋至受拉边距离/mm	开裂应力均值/MPa	名义拉应力/MPa		
					裂缝宽度 0.1 mm	裂缝宽度 0.15 mm	裂缝宽度 0.2 mm
低收缩 UHPC-30T	HRB400	11	17	13.0	44.1	53.0	60.8
低收缩 UHPC-30R	HRB400	11	17	14.3	56.4	70.4	79.8

从图 4.70—图 4.75 所示中可知,热养护试件的裂缝发展较常规养护缓慢,加载至 50 kN 时常规养护试件的裂缝宽度一般为 0.2 mm 左右,而热养护试件的裂缝宽度一般为 0.04 ~ 0.1 mm,且开裂后热养护试件的裂缝往往要经过 3 ~ 4 级加载,裂缝宽度才会达到 0.02 mm。这些现象均表明,热养护试件具有更好的裂缝宽度约束能力。

重复加载时,热养护试件有良好的回弹能力,在 0.1 mm 卸载时裂缝可完全闭合,在 0.2 mm 卸载时残余缝宽一般为 0.02 mm,与常规养护试件接近。

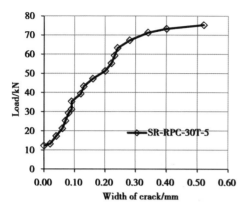

图 4.70　低收缩 UHPC-30T-5 裂缝随荷载发展

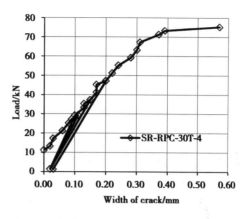

图 4.71　低收缩 UHPC-30T-4 裂缝随荷载发展

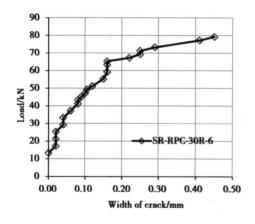

图 4.72　低收缩 UHPC-30R-6 裂缝随荷载发展

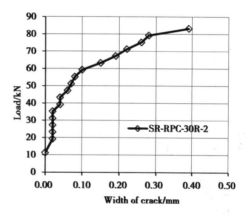

图 4.73　低收缩 UHPC-30R-2 裂缝随荷载发展

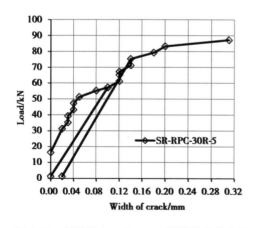

图 4.74　低收缩 UHPC-30R-5 裂缝随荷载发展

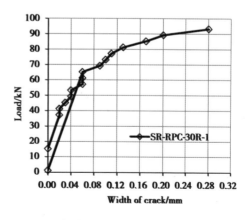

图 4.75　低收缩 UHPC-30R-1 裂缝随荷载发展

2）挠度和抗弯承载能力

如图 4.76—图 4.81 所示为热养护试件的挠度随荷载发展情况。

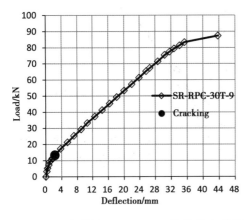

图 4.76　低收缩 UHPC-30T-9 荷载-挠度曲线

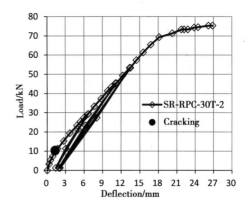

图 4.77　低收缩 UHPC-30T-2 荷载-挠度曲线

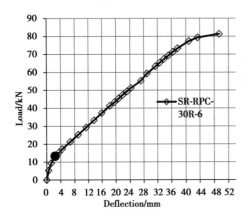

图 4.78　低收缩 UHPC-30R-6 荷载-挠度曲线

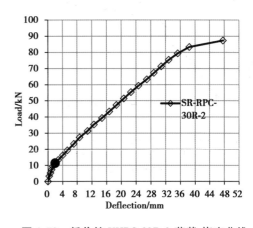

图 4.79　低收缩 UHPC-30R-2 荷载-挠度曲线

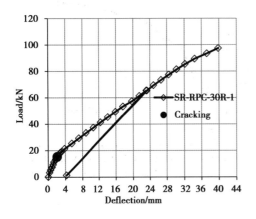

图 4.80　低收缩 UHPC-30R-1 荷载-挠度曲线

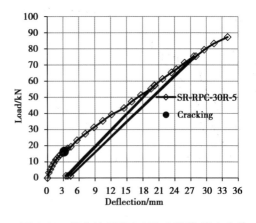

图 4.81　低收缩 UHPC-30R-5 荷载-挠度曲线

就荷载-挠度的发展过程而言,热养护试件与常规养护试件相似,可分为整体工作阶段、带裂缝工作阶段和屈服破坏段。两者的荷载-挠度曲线基本相似,相同荷载作用下,两者的挠曲变形较为接近,基本可认为,加热养护对挠曲变形的影响不大。

表 4.6 为两种试件极限承载力和破坏挠度的比较。由表可知,热养护试件的抗弯承载力比常规养护大,这主要是由于热养护试件的钢纤维能够更好地约束裂缝,保持较大受压区高度,从而提高了抗弯承载力。

表 4.6　养护方式对极限荷载和破坏挠度的影响

试件编号	钢筋种类	钢筋数量/根	钢筋重心至受拉边距离/mm	抗弯承载力/kNm	破坏挠度/mm
低收缩 UHPC-30T	HRB400	11	17	15.3	38.4
低收缩 UHPC-30R	HRB400	11	17	17.5	42.4

热养护试件的破坏挠度比常规养护方式大,其破坏时的弯矩较常规养护试件大是主要原因,这反映出热养护试件具有更好的韧性和变形能力。

上述常规养护试件的养护时间为 28 d,其水化反应尚未完成。现有研究表明,低收缩 UHPC 养护 60 d 的水化程度与热养护 3 d 相当。也就是说,随着时间的延长,常规养护试件也能达到与热养护试件相同的开裂能力和裂缝约束能力。

4.2.5　小结

本章探讨了低收缩 UHPC 加筋板的抗弯性能,考察了挠度、裂缝、应变等结构行为,探讨了钢筋配置、养护方式等因素对低收缩 UHPC 加筋板抗弯性能的影响,通过试验及分析,研究结果可小结如下:

①低收缩 UHPC 加筋板具有良好的抗裂性能,其开裂应力与素低收缩 UHPC 板基本相同,为 13.0 MPa,均方差较小仅 1.2 MPa,这表明现有的常规养护配方已可获得稳定的抗拉性能。

②在加载过程中加筋板裂缝众多,裂缝间距小,宽度不大,具有良好的约束裂缝开展的能力。对配筋率、钢筋直径、保护层厚度与低收缩 UHPC-30T 相同的构件,裂缝宽度为 0.1 mm、0.15 mm、0.2 mm 且具有 85% 保证率的低收缩 UHPC 混凝土名义拉应力建议为 29.9 MPa、39.7 MPa、46.6 MPa。

③配筋适当的低收缩 UHPC 加筋板,其工作过程可分为整体工作阶段、带裂缝工作阶段和屈服破坏段。

④本次试验中,除低收缩 UHPC-30S 试件外,其余试件均表现为适筋破坏。对采用 160 级低收缩 UHPC、HRB400 钢筋的构件,最大配筋率为 4.5% ~ 5%,较普通高强混凝土(C55 ~ C80)的最大配筋率大两倍以上。建议在低收缩 UHPC 板中宜采用较高的配筋率,以获得更好的裂缝约束性能和更大的刚度。

⑤试验表明,对采用 160 级低收缩 UHPC、HRB400 钢筋、配筋率为 4.5%的构件,当裂缝宽度达到 0.2 mm 时,钢筋应力可达 400 MPa 左右。尽管采用高配筋率,在正常使用极限状态,低收缩 UHPC 加筋构件对钢筋抗拉能力的利用仍是充分的。

⑥高强钢丝虽然抗拉强度高,但约束裂缝性能比 HRB400 钢筋差,刚度也较小,正常使用性能不如 HRB400 钢筋,且其破坏有一定的脆性性质,不推荐采用高强钢丝作为低收缩 UHPC 板的配筋。

⑦钢筋位置对低收缩 UHPC 抗裂性能无影响,但对裂缝约束能力、刚度影响明显,钢筋越靠近受拉边缘,约束裂缝的能力越好。在低收缩 UHPC 组合桥面板中宜选择较小的保护层。

⑧热养护试件具有比常规养护更高的抗裂性能,10 个试件的弯曲抗拉强度均值为 15.2 MPa,均方差为 1.4。

⑨热养护试件加载全过程结构行为与常规养护试件相似,但具有更好的裂缝约束能力和更高的极限强度。

4.3　低收缩 UHPC-钢组合桥面板抗弯性能

4.3.1　试验方法

根据研究大纲,设计了两类 6 组试件,共 20 个。第 1 类为低收缩 UHPC 混凝土-钢板组合板试件,模拟组合正交异性桥面板的横向性能,共 16 个试件,分为 4 组,第 1、2 组纵筋保护层厚度为 17 mm,第 3、4 组钢筋保护层厚度为 27 mm,第 1、3 组采用常规养护,第 2、4 组采用加热养护;第 2 类为组合体 U 肋单元试件,模拟组合正交异性桥面板的纵向性能,共 4 个试件,分为两组,第 1 组采用常规养护,第 2 组采用加热养护。

1)低收缩 UHPC-钢组合板试件设计

低收缩 UHPC-钢组合板试件考察的结构行为包括:①组合板低收缩 UHPC 混凝土开裂应力;②组合板低收缩 UHPC 混凝土裂缝宽度达到 0.1 mm、0.15 mm、0.2 mm 时的弯矩及弹性恢复能力;③组合板在负弯矩作用下加载全过程结构行为。

根据所考察的内容,共设计了 4 组试件。第 1、2 组试件长 1 500 mm,宽 350 mm,低收缩 UHPC 混凝土板厚度为 55 mm,钢板厚度为 14 mm,钢筋网尺寸为 40 mm×100 mm,钢筋强度和直径分别为 HRB400、$D=10$ mm,纵向钢筋保护层厚度为 17 mm,剪力钉采用 10 mm× 35 mm 型号,剪力钉间距为 200 mm×100 mm,试件编号为 CP30-1、CP30-2。第 3、4 组试件尺寸、钢板厚度、剪力钉型号、布置与第 1、2 组相同,仅将钢筋纵、横钢筋位置互换,纵向钢筋保护层厚度为 27 mm,考察钢筋位置的影响,试件编号为 CP30-3、CP30-4。

试件构造如图 4.82、图 4.83 所示。表 4.7 为低收缩 UHPC-钢组合板试件具体情况。各试件的钢纤维掺量均为 3%。

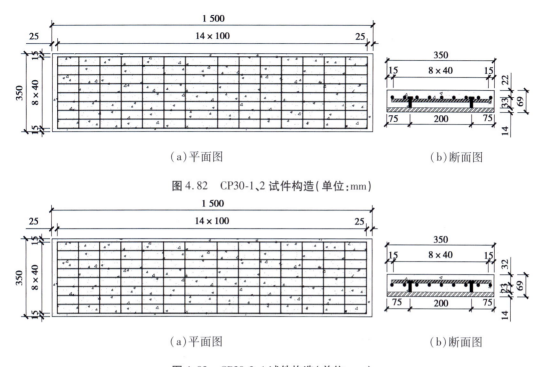

（a）平面图　　　　　　　　　（b）断面图

图 4.82　CP30-1、2 试件构造（单位：mm）

（a）平面图　　　　　　　　　（b）断面图

图 4.83　CP30-3、4 试件构造（单位：mm）

表 4.7　低收缩 UHPC-钢组合板试件一览表

试件编号	钢筋种类	主筋数量/根	钢筋重心至受拉边距离/mm	试件数量	养护方式
CP30-1	HRB400	9	22	4	常规养护
CP30-2	HRB400	9	22	4	热养护
CP30-3	HRB400	9	32	4	常规养护
CP30-4	HRB400	9	32	4	热养护

2）组合体 U 肋单元试件设计

取宽度为 600 mm 的 U 肋单元，通过剪力钉与低收缩 UHPC 板结合，形成组合体 U 肋单元试件。

组合体 U 肋单元试件，分为正弯矩试验和负弯矩试验，正弯矩试验考察的主要结构行为为 U 肋腹板的主应力；负弯矩试验考察的结构行为包括：①组合体 U 肋单元中低收缩 UHPC 混凝土开裂应力；②组合体 U 肋单元中低收缩 UHPC 混凝土裂缝宽度达到 0.1 mm、0.15 mm、0.2 mm 时的弯矩及弹性恢复能力；③组合体 U 肋单元在负弯矩作用下加载全过程结构行为。

根据所考察的内容共设计了两组试件。第 1 组试件长 3 900 mm，计算跨径 3 500 mm，宽 600 mm，U 肋尺寸、桥面钢板厚度按设计要求确定，为确保低收缩 UHPC 混凝土板的开裂先于 U 肋屈服，在 U 肋厚度采用 10 mm，剪力钉采用 10 mm×35 mm 型号，剪力钉间距为 200 mm×150 mm，钢筋网尺寸为 40 mm×100 mm，钢筋强度和直径分别为 HRB400、$D=$

10 mm,钢筋在低收缩 UHPC 板中位置按设计要求确定,试件编号为 UCP30-1。养护方式为常规养护。

第 2 组试件的构造与第 1 组完全相同,但养护方式采用加热养护,试件编号为 UCP30-2。试件构造如图 4.84—图 4.86 所示,试件情况汇总见表 4.8。

对 UCP30-1-2 试件和 UCP-2-1、UCP30-2-2 试件,均先进行正弯矩加载,再进行负弯矩试验。正弯矩试验中低收缩 UHPC 位于受压区,负弯矩试验中低收缩 UHPC 位于受拉区。由于低收缩 UHPC 抗压强度极高,因此,U 肋组合体承受正弯矩的能力是毋庸置疑的,进行正弯矩试验的目的,是验证桥面板刚度的增大是否可明显降低 U 肋与钢桥面板接缝位置的主应力。正弯矩试验在弹性范围内进行,对其后进行的负弯矩试验无影响。

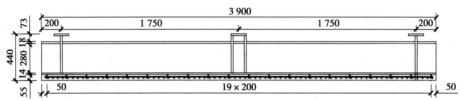

图 4.84　UCP30-1、2 试件立面(单位:mm)

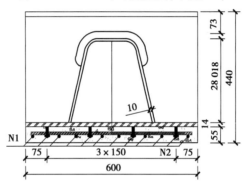

图 4.85　UCP30 试件断面(单位:mm)

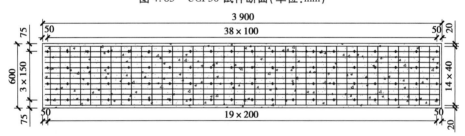

图 4.86　UCP30 试件低收缩 UHPC 板平面(单位:mm)

表 4.8　U 肋组合体试件一览表

试件编号	钢筋种类	主筋数量/根	钢筋重心至受拉边距离/mm	试件数量	养护方式
UCP30-1	HRB400	15	22	2	常规养护
UCP30-2	HRB401	15	22	2	热养护

3) 低收缩 UHPC-钢组合板加载与测试方法

（1）加载

低收缩 UHPC-钢组合板（以下简称"组合板"）采用两点对称加载,这是受弯构件常用的加载方法之一。加载系统布置如图 4.87 所示。

图 4.87　低收缩 UHPC-钢组合板加载测试系统

所有 16 块板均以低收缩 UHPC 板位于受拉侧,钢板位于受压侧进行,以模拟桥面板承受负弯矩的情况,重点考察低收缩 UHPC 的抗拉性能。

根据计算结果,组合板采用 300 kN 千斤顶加载,并配合 300 kN 压力传感器测量荷载。具体加载方案如下:

①按开裂荷载的 40%（10 kN）反复加载 4 次（按理论计算）,进行预载,检查测试系统和加载系统的工作状况,并消除非弹性变形,直到加载变形和卸载恢复变形大致相同为止。

②分 6 级加载至 18 kN,稳载 5~10 min,测量挠度、应变。

③以每级 2 kN 的荷载步长加载至 22 kN,测量挠度、应变。

④将荷载步长减小至 1 kN,加载至开裂荷载,稳载过程中仔细查找裂缝,并测量挠度、应变。

⑤重复第④步直至混凝土开裂。

⑥开裂后以 3~4 kN 步长加载,当裂缝宽度接近 0.1 mm、0.15 mm、0.2 mm 时,减小步长至 1~2 kN。

⑦当裂缝宽度达到 0.1 mm、0.15 mm、0.2 mm 时,测试挠度、应变,然后缓慢卸载为零,再测试挠度、应变、裂缝宽度。

⑧弹性恢复力测试完毕后,以 4 kN 为步长继续加载至试件破坏,每 1 级荷载的稳载时间为 10 min,稳载后测量挠度、应变。

在加载过程中,根据试件的裂缝和挠度情况,可能对加载步长进行临时调整。

（2）组合板测试

该试验的测试内容包括荷载、裂缝宽度、挠度、应变等,混凝土应变和钢板应变均采用应变片测量。考虑混凝土应变片标距为 100 m,而纯弯段长度仅 400 mm,难以布置多组应变片,仅在跨中布置了 1 组 5 片应变片（图 4.88）,对钢板则在跨中及其左右对称布置了 3 组 7

片应变片(图4.89)。

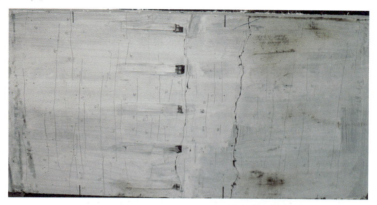

图4.88 低收缩 UHPC 应变片布置(单位:mm)

图4.89 钢板应变片布置

钢筋应变片的布置范围为跨中左右各 200 mm 范围内,间距为 100 mm,如图 4.90、图 4.91 所示。

图4.90 绑扎完成的钢筋及应变片

图4.91 应变片布置

4)组合体 U 肋单元加载与测试

(1)加载

组合体 U 肋单元采用跨中单点集中加载,这是抗弯试验中常采用的方法之一。这一加载方式的优点在于,可以采用较小的跨度获得较大的跨中弯矩,从而可以减小试件长度。组合体 U 肋单元试件用钢量较大,从节约成本计,选择了这一方法。加载系统布置如图 4.92 所示。

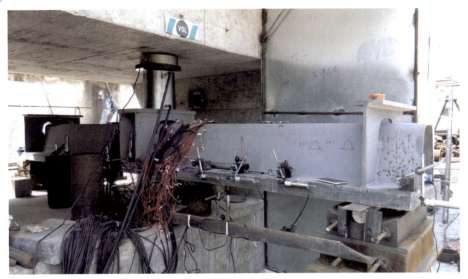

图 4.92　组合体 U 肋加载测试系统

正弯矩试验在弹性范围内进行,施加的总荷载为 140 kN,采用单调加载方式,加载步长为 20 kN,每级荷载稳载 5 ~ 10 min,并测量挠度、应变。

在负弯矩试验中,组合体 U 肋单元试验考察因素与低收缩 UHPC-钢组合板相似,但试件刚度大,所需荷载也较大,计算表明,低收缩 UHPC 混凝土板的开裂荷载达 120 kN 以上,极限荷载约 750 kN,选用 1 000 kN 千斤顶加载,配合 1 000 kN 压力传感器测量荷载。加载程序如下:

①按开裂荷载的 40%(40 ~ 60 kN)反复加载 4 次(按经验初拟),进行预载,检查测试系统和加载系统的工作状况,并消除非弹性变形,直到加载变形和卸载恢复变形大致相同为止。

②以 40 kN 为步长加载至 80 kN,稳载 5 ~ 10 min,测量挠度、应变。

③以每级 20 kN 的荷载步长加载至开裂,稳载过程中仔细查找裂缝,并测量挠度、应变。

④开裂后以 40 kN 的步长加载,并测试裂缝宽度、挠度、应变。

⑤当裂缝宽度达到 0.1 mm、0.15 mm、0.2 mm 时,测试挠度、应变,然后缓慢卸载为零。

⑥弹性恢复力测试完毕后,以 40 kN 为步长继续加载至试件破坏,每 1 级荷载的稳载时间为 10 min,稳载后测量挠度、应变。

在试验中发现,当裂缝宽度达到 0.1 mm 时,U 肋顶板已部分屈服,此时再测试弹性恢复力意义不大,只对两个试件测试 U 肋顶板临近屈服时的弹性恢复力。

(2)测试

该试验的测试内容与低收缩 UHPC-钢组合板抗弯试验类似,包括荷载、裂缝宽度、挠度、U 肋、钢顶板、混凝土板的应变等。荷载由压力传感器自动测量;裂缝宽度采用智能裂缝宽度仪读取;挠度采用位移计测量,试件长度较长,除在支座处和跨中布置了 3 组位移测点外,在 L/4 处增设了两组测点。位移测点的布置如图 4.92 所示。

混凝土应变和钢结构应变测量采用应变片。U 肋钢结构应变片布置如图 4.93 所示,共在 3 个截面布置了应变片,分别为跨中截面,距跨中 15cm 截面,腹板由于应力状态复杂,均布置应变花,在 U 肋顶板和钢翼缘板上布置单向片。

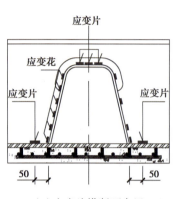

（a）应变片横断面布置

（b）腹板应变花布置（破坏后图片）

图 4.93　钢结构应变片布置

低收缩 UHPC 板应变片布置如图 4.94 所示,共布置了 5 组共 26 个应变片,顶面 20 个,在跨中附近布置较为密集,在两个侧面各布置了 3 个应变片;距跨中 50 cm 处仅在顶面布置了应变片。

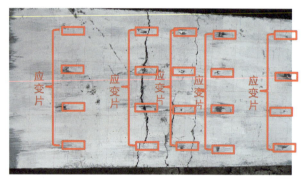

（a）底面

（b）侧面

图 4.94　低收缩 UHPC 板变片布置

考虑到在跨中附近钢筋应变较为接近,且埋置式应变片易损坏,在跨中左右各 30 cm 的范围内密集布置钢筋片,每个断面布置 7 片,共 21 片(图 4.95)。应变采集仪如图 4.96 所示。

图 4.95　钢筋应变片布置

图 4.96　应变采集仪

4.3.2　低收缩 UHPC-钢组合板抗弯性能

1)抗裂性能及裂缝发展

从理论上来说,组合板的抗裂性能主要取决于低收缩 UHPC 混凝土的弯曲抗拉强度,试验结果证实了这一点。表 4.9 为常规养护试件和热养护试件的开裂应力及裂缝达到 0.1 mm、0.15 mm、0.2 mm 时的名义拉应力。

表 4.9　组合板开裂应力及名义拉应力汇总

试件编号	钢筋种类	养护方式	钢筋重心到受拉边距离/mm	开裂应力均值/MPa	名义拉应力均值/MPa		
					裂缝宽度 0.1 mm	裂缝宽度 0.15 mm	裂缝宽度 0.2 mm
CP30-1	HRB400	热养护	22	13.1	31.1	40.1	44.9
CP30-3	HRB400		32		23.7	26.5	29.5

续表

试件编号	钢筋种类	养护方式	钢筋重心到受拉边距离/mm	开裂应力均值/MPa	名义拉应力均值/MPa		
					裂缝宽度 0.1 mm	裂缝宽度 0.15 mm	裂缝宽度 0.2 mm
CP30-2	HRB400	常规养护	22	12.4	41.7	45.3	51.3
CP30-4	HRB400		32		20.2	23	24.9

　　从表 4.9 中可知,保护层厚度为 17 mm 时,组合板试件表现出良好的约束裂缝的能力,裂缝宽度 0.2 mm 时的名义拉应力达 45～50 MPa,裂缝宽度为 0.1 mm 时的名义拉应力达 30～40 MPa。对比两种钢筋位置可知,保护层厚度较小的试件,约束裂缝的能力明显较强,相同裂缝宽度下,前者的名义拉应力较后者明显要高。这是由于组合板截面重心位于距低收缩 UHPC 板边缘 45.5 mm 处,CP30-3、CP30-4 试件的钢筋重心位置已接近截面重心,钢筋力臂短、效率较低,这在后续的应变分析中也可以看出。此外,保护层厚度较大,根据有滑移理论,相同荷载时,裂缝宽度也越大,上述两个因素使得保护层较大的试件约束裂缝的能力较差。

　　对常规养护,本次试验共对 44 个钢纤维掺量为 3% 的试件测试了弯曲抗拉强度,包括素低收缩 UHPC 板试件 12 个,加筋板试件 24 个,组合板试件 8 个,根据试验结果统计,对 160 MPa 级、钢纤维掺量为 3%、常规养护的低收缩 UHPC,其弯曲抗拉强度的均值为 12.9 MPa,均方差为 2.1。对抗裂验算,需要弯曲抗拉强度具有 85% 保证率,此时,弯曲抗拉强度为 10.8 MPa。

　　同样地,对加热养护试件,本次试验共对 18 个试件(含 4 个素低收缩 UHPC 板,6 个加筋板,8 个组合板)进行了测试,包括有 3% 和 2.5% 两种钢纤维掺量,为增加样本量,偏安全地均计为钢纤维掺量 3%,此时,热养护试件的抗拉强度均值为 14.0 MPa,均方差为 1.6,具有 85% 保证率的弯曲抗拉强度为 12.4 MPa。

　　组合板的裂缝数量较多,裂缝发展可分为开裂期、裂缝稳定发展期和裂缝快速发展期。组合板刚开裂时,裂缝极短、细,裂缝宽度均不可读,此后裂缝宽度随荷载缓慢增长,甚至会出现施加 2～3 级荷载后裂缝宽度才增加 0.02 mm 的现象(图 4.97—图 4.99),沿梁高的延伸也十分缓慢,在钢筋屈服前,裂缝一般只延伸至钢筋位置。同时,裂缝大量出现,所有 16 块板在破坏前的裂缝数量均可达 100 条以上,平均裂缝间距为 15 mm 左右。破坏前 2～3 级荷载,裂缝宽度突增,进入快速发展期,1 级荷载导致的裂缝宽度增量甚至可达 0.1 mm 以上。

　　试验中考察了组合板开裂后的弹性恢复力。当裂缝宽度为 0.1 mm、0.15 mm 时卸载,少数试件的裂缝不能完全闭合,残余裂缝宽度为 0.02 mm(图 4.100—图 4.104)。当裂缝宽度为 0.2 mm 时,裂缝也不能闭合,残余裂缝宽度为 0.02～0.04 mm。加载回原荷载时,裂缝一般不会增大,均返回原缝宽。

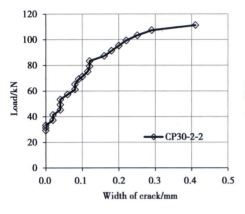

图 4.97　CP30-2-2 裂缝宽度发展

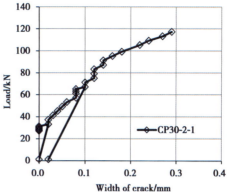

图 4.98　CP30-2-1 裂缝宽度发展

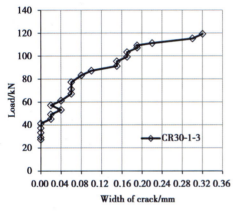

图 4.99　CP30-1-3 裂缝宽度发展

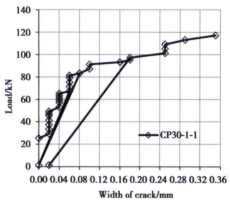

图 4.100　CP30-1-1 裂缝宽度发展

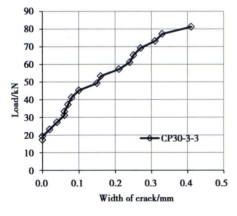

图 4.101　CP30-3-3 裂缝宽度发展

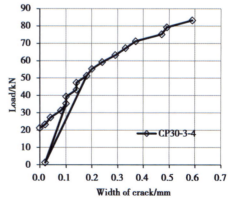

图 4.102　CP30-3-4 裂缝宽度发展

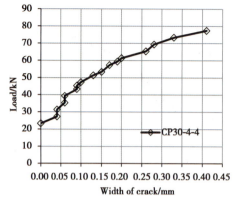 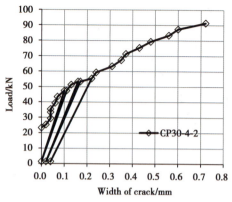

图 4.103　CP30-4-4 裂缝宽度发展　　　　图 4.104　CP30-4-2 裂缝宽度发展

图 4.105　CP30-1-3

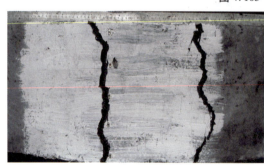

图 4.106　CP30-2-4

2）截面应变分析

如图 4.107—图 4.116 所示为受拉钢筋和受压区钢板的应变随荷载的发展情况。从图中可知，对 CP30-1 和 CP30-2 两类试件，受拉钢筋和受压钢板均达到了屈服，对材料的利用是充分的。钢筋的屈服荷载比钢板的屈服荷载小，这表明，这两类板的破坏均始于受拉钢筋的屈服，钢筋屈服后，低收缩 UHPC 的裂缝失去约束，导致中性轴不断上升，参与受压的低收缩 UHPC 混凝土面积越来越小，最后，裂缝贯通整个低收缩 UHPC 截面（图 4.105，图 4.106），钢板屈服，试件达到最大承载能力。对比图 4.107、图 4.108、图 4.111 和图 4.97—图 4.99 可知，裂缝快速发展的荷载与钢筋屈服的荷载基本吻合，这表明，钢筋屈服在裂缝的快速发展之前，是裂缝快速发展的重要原因。

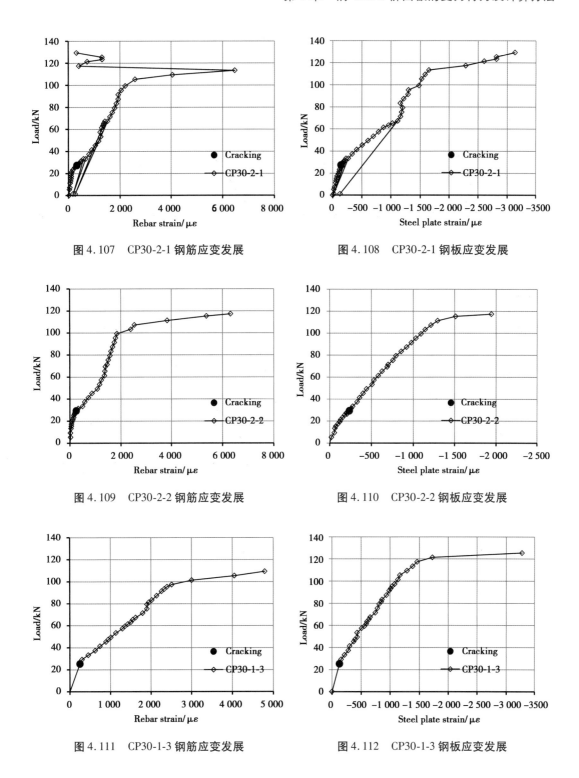

图 4.107　CP30-2-1 钢筋应变发展

图 4.108　CP30-2-1 钢板应变发展

图 4.109　CP30-2-2 钢筋应变发展

图 4.110　CP30-2-2 钢板应变发展

图 4.111　CP30-1-3 钢筋应变发展

图 4.112　CP30-1-3 钢板应变发展

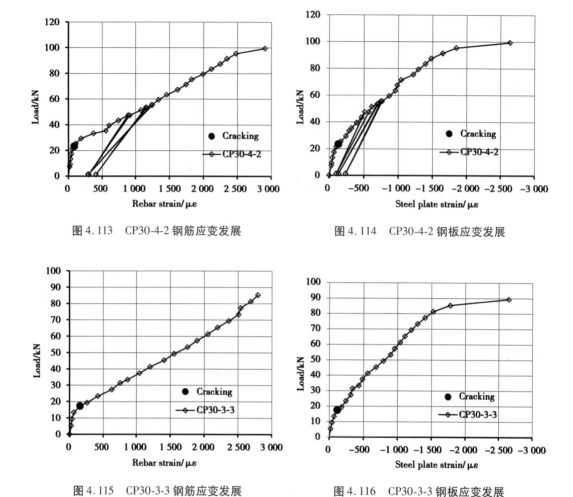

图 4.113　CP30-4-2 钢筋应变发展

图 4.114　CP30-4-2 钢板应变发展

图 4.115　CP30-3-3 钢筋应变发展

图 4.116　CP30-3-3 钢板应变发展

另一个值得注意的现象是,对钢筋重心位置距受拉边距离为 32 mm 的试件,钢筋不一定屈服,或不一定全截面屈服(图 4.113、图 4.115)。从应变曲线看,CPS30-4-2 有屈服迹象,但几乎是与钢板同时屈服的。CP30-3-3 则几乎看不到屈服,在 2 500 με 后钢筋应变的变化,则是由钢板屈服所致。初步分析,对 CP30-3、CP30-4 两类试件,钢筋位置靠近受压区,对裂缝约束不好,刚度下降较快,使得钢筋处于弯、拉状态,而且由于距中心轴距离近,力臂短,因此有可能达不到屈服。结合图 4.101、图 4.103 可知,此类试件在加载后期的裂缝发展也不太稳定,对这类试件,是受压区的屈服导致了裂缝的快速增加。

表 4.10 为裂缝宽度分别为 0.1 mm、0.15 mm、0.2 mm 时对应的钢板应力。由表可知,从应力均值来看,CP30-4 的钢板应力最小,即使在裂缝宽度仅为 0.1 mm 时,钢板应力已达 105 MPa,而裂缝宽度达到 0.2 mm 时,钢板应力更达 143 MPa。其余 3 组的钢板应力更大,尤其是钢筋重心距受拉边距离较小的 CP30-1、CP30-2 试件,在裂缝宽度达到 0.1 mm 时,8 个试件中钢板最小应力达 100 MPa 左右。

众所周知,钢结构的应力为 3 个体系应力之和,桥面板体系为第 3 体系。由表可知,钢板应力达到 100 MPa 时,4 组试件裂缝宽度均小于 0.2 mm,甚至 CP30-1、CP30-2 两类试件在裂缝宽度尚未达到容许裂缝宽 0.2 mm 时钢板应力已超过容许应力。对承受负弯矩的低收缩 UHPC 组合桥面板,低收缩 UHPC 的裂缝宽度并不是控制设计的主要因素,只要钢结构应力能够满足规范要求,低收缩 UHPC 的裂缝宽度不难满足规范要求。

表 4.10　典型裂缝宽度对应的钢板应力

试件编号	裂缝宽 0.1 mm		缝宽 0.15 mm		缝宽 0.20 mm	
	钢板应力	均值	钢板应力	均值	钢板应力	均值
CP30-1-1	−138.1		−181.2		−226.8	
CP30-1-2	−201.1	−186.3	−221.3	−209.6	−258.7	−254.9
CP30-1-3	−190.2		−207.1		−264.2	
CP30-1-4	−215.8		−228.9		−270.1	
CP30-2-1	−224.1		−271.2		−309.9	
CP30-2-2	−147.3	−152.5	−193.6	−190.3	−216.3	−220.0
CP30-2-3	−98.8		−141.3		−194.5	
CP30-2-4	−139.9		−155.0		−159.4	
CP30-3-1	−117.8		−125.3		−135.4	
CP30-3-2	−120.1	−119.3	−148.4	−138.1	−160.9	−164.5
CP30-3-3	−103.1		−121.4		−162.1	
CP30-3-4	−136.4		−157.4		−199.7	
CP30-4-1	−71.8		−93.5		−99.9	
CP30-4-2	−137.2	−105.6	−146.4	−129.0	−155.4	−143.2
CP30-4-3	−144.0		−166.8		−188.8	
CP30-4-4	−69.4		−109.4		−128.7	

从表中可知,CP30-1、CP30-2 的钢板应力明显比 CP30-3、CP30-4 大,即使裂缝宽度达到 0.15 mm,8 个试件的钢板最小应力也大于 140 MPa,可以肯定,低收缩 UHPC 正常使用极限状态的设计不会是设计的决定性因素,适当减小保护层距离,对增强组合板的正常使用能力是有利的。

当然,从表中也可知,钢板应力有一定的离散性,其主要原因是裂缝的位置,若钢板应变测点附近有延伸较高的裂缝,则钢板应变较大。

3) 挠度分析

低收缩 UHPC-钢组合板的挠度发展可分为 3 个阶段,即整体工作段、带裂缝工作段和屈服破坏段。与钢板叠合后,截面惯矩明显增加,开裂荷载、屈服荷载、破坏荷载均比较大(图 4.117—图 4.124)。

对 CP30-1、CP30-2 两类试件(保护层厚度 17 mm),从应变分析可知,破坏始于受拉钢筋的屈服,由图4.117—图4.120可知,钢筋屈服后,挠度迅速增加,并达到破坏荷载。

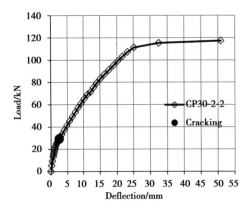

图4.117　CP30-2-2 挠度发展

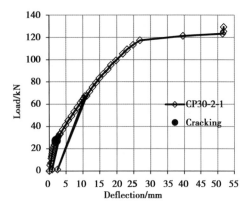

图4.118　CP30-2-1 挠度发展

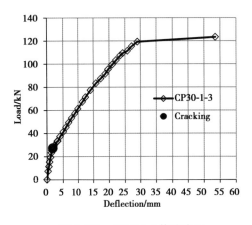

图4.119　CP30-1-3 挠度发展

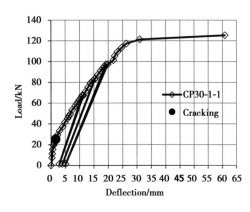

图4.120　CP30-1-1 挠度发展

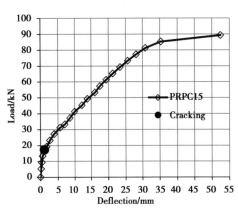

图4.121　CP30-3-3 挠度发展

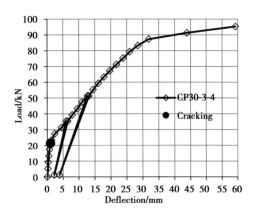

图4.122　CP30-3-4 挠度发展

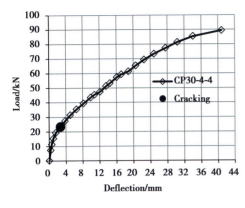

图 4.123　CP30-4-4 挠度发展

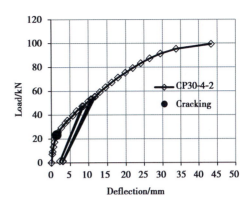

图 4.124　CP30-4-2 挠度发展

对 CP30-3、CP30-4 两类试件（保护层厚度 27 mm），屈服荷载、破坏荷载比 CP30-1、CP30-2 小。在屈服点附近，这两类试件的屈服过程较为缓慢，且不一定存在明显的屈服点，钢板受弯屈服的迹象比较明显（图 4.121—图 4.124），这从挠度的角度证实了应变分析的结果。显然，这样的破坏中，低收缩 UHPC 与钢叠合的效应不如 CP30-1、CP30-2，未能充分发挥出钢筋和钢板的作用。对比图 4.117—图 4.120 与图 4.121—图 4.124 可知，相同荷载作用下，CP30-1、CP30-2 试件的刚度比 CP30-3、CP30-4 大。这些情况均表明，对厚度较薄的叠合板，若钢筋配置过于靠近中性轴，钢筋的作用（包括限制裂缝及提高刚度、对屈服及破坏荷载的影响）会大打折扣。

重复加载试验表明，组合板具有良好的变形恢复能力，当裂缝宽度不大于 0.2 mm 时，大部分的挠曲变形均可恢复，且裂缝宽度越大，恢复的变形越多，其原因仍是不可恢复的变形主要是由于裂缝的微小错动所致，这一错动随裂缝宽度的变化不大，表现出裂缝宽度越大，可恢复的变形占总变形的比例越大的现象。

结合裂缝和挠度的试验结果，对配筋适当的叠合板，破坏前均有一个裂缝和挠度缓慢发展的过程，其破坏属塑性破坏，延性较好。

需要指出的是，低收缩 UHPC 混凝土与钢板叠合后，可明显增大桥面板的抗弯刚度。对本次试验的试件，钢板的截面惯矩仅为 $8.0 \times 10^{-8} \mathrm{m}^4$，而组合板的截面惯矩可达 $4.0 \times 10^{-6} \mathrm{m}^4$，增加达 50 倍。开裂后刚度虽然有所降低，但从荷载-挠度曲线可知，在带裂缝工作段，截面刚度基本保持稳定，且开裂截面的抗弯惯矩也可达 $1.65 \times 10^{-6} \mathrm{m}^4$，为钢板截面抗弯惯矩的 20 倍，组合桥面板的刚度比钢桥面板大得多。

4）弯曲破坏荷载

负弯矩作用下的弯曲破坏荷载是反映组合板力学行为的又一重要指标。对承受负弯矩（低收缩 UHPC 受拉）的组合板，低收缩 UHPC 开裂后，拉力主要由钢筋承受，弯曲破坏荷载实际上取决于钢板和钢筋的数量、强度，低收缩 UHPC 的破坏荷载较高，离散性较小。如前文所述，对低收缩 UHPC-钢组合板，在裂缝宽度还小于容许值时，钢结构应力已大于容许应力，叠合板的设计不大可能由抗弯强度控制，为报告的完整性，这里仍然给出了 16 个试件的弯曲破坏荷载（抗弯强度）供参考（表 4.11）。

表 4.11　弯曲破坏荷载汇总

试件编号	弯曲破坏荷载/(kN·m)	均值/(kN·m)	试件编号	弯曲破坏荷载/(kN·m)	均值/(kN·m)
CP30-3-1	96.3		CP30-1-1	122	
CP30-3-2	96.3		CP30-1-2	118.2	
CP30-3-3	89.3	94.3	CP30-1-3	120.7	120.1
CP30-3-4	95.3		CP30-1-4	119.5	
CP30-4-1	95.7		CP30-2-1	128.1	
CP30-4-2	96.2		CP30-2-2	117.3	
CP30-4-3	96.5	94.9	CP30-2-3	124.3	124.35
CP30-4-4	91.2		CP30-2-4	127.7	

需要补充说明的是,组合板试验中,在开裂应力、典型裂缝宽度对应的名义应力等方面,热养护试件并未表现出明显的优势。这是由于在养护设施中未加入温度自动控制措施,不能适应春季气温大幅变化,养护温度未能控制在所容许的温度范围内(温度低于容许温度)。但在一定程度上证明了常规养护方法可以达到与热养护相近的效果。

4.3.3　U 肋组合体抗弯试验

1)负弯矩作用下抗裂性能及裂缝发展

U 肋与低收缩 UHPC 的组合体的抗裂性能是低收缩 UHPC 组合正交异性板设计中关心的重要问题。本次试验对抗裂性能及裂缝宽度进行了测试。表 4.12 给出了 4 个试件的开裂应力和对应荷载下 U 肋钢结构的最大正应力。由于裂缝宽度达到 0.1 mm 时,4 个试件的部分 U 肋截面正应力均达到屈服应力(详见下节),即截面局部已进入塑性,此时不能再按弹性理论计算截面特性,因此未计算典型裂缝宽度时的名义应力。

表 4.12　U 肋组合体开裂应力

试件编号	UCP30-2-1	UCP30-2-2	UCP30-1-1	UCP30-1-2
开裂荷载/kN	160	140	180	160
开裂应力/MPa	14.9	13.3	16.7	14.9
U 肋应力/MPa	144.4	136.2	160.7	150.4

从表中可知,开裂应力与低收缩 UHPC 组合板、加筋板及低收缩 UHPC 开裂应力接近,都大于具有 85% 保证率的弯曲抗拉强度,验证了上文中提出的弯曲抗拉强度是可靠的。在低收缩 UHPC 开裂时,U 肋应力已高达 135 MPa 以上,这在设计中只是第三体系应力。本次试验的 U 肋组合体计算跨径为 3.5 m,接近常用的钢箱梁中的横隔板间距,从表 4.12 可知,低收缩 UHPC 开裂时跨中集中荷载均已达 140 kN 以上,这相当于车辆荷载重轴的质量,而在实际情况下,1 个轴重将被分配到至少 2 个 U 肋,车辆荷载对 1 个 U 肋的作用不大可能达

到试验所采用的工况。在实际工程中,低收缩 UHPC 组合正交异性板纵向的开裂风险并不大。

尽管验证了 U 肋组合体具有良好的抗裂性能,为研究的完整性,如图 4.125—图 4.128 所示仍给出了裂缝宽度随荷载的变化趋势。由图可知,U 肋组合体有一个较长的裂缝稳定发展期,在裂缝宽度小于约 0.06 mm 时,裂缝宽度随荷载的发展极为缓慢,1 级荷载(40 kN)的裂缝宽度增量不大于 0.02 mm,甚至会出现施加 2～3 级荷载,裂缝宽度仍不增加的情况。在 U 肋屈服(屈服荷载约 380 kN,详见下文)前裂缝宽度一般不大于 0.05 mm,U 肋屈服对裂缝宽度的发展影响并不大,未见快速增长的趋势。在裂缝稳定发展期,裂缝数量大量出现,破坏前裂缝数量可达 200 条以上。

一个值得注意的现象是,虽然低收缩 UHPC 板中裂缝数量较多,但贯通整个低收缩 UHPC 板高度方向裂缝并不多,在破坏前,仅有 5～6 条裂缝贯通截面,钢纤维的作用再次得到体现。

裂缝的快速发展一般出现在荷载大于 640 kN 后,对照此时的截面应变可知,钢筋已达到屈服应变。钢筋的屈服使得裂缝失去约束,此后进入裂缝快速发展期。裂缝沿横向迅速形成贯通裂缝,宽度可达 0.3 mm 以上。限于测试人员的安全原因,未能准确测量到破坏前 1 级荷载的裂缝宽度,但通过简单测量可知,破坏时的裂缝宽度可达约 1 mm 以上。

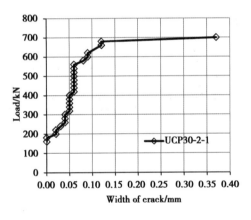

图 4.125　UCP30-2-1 裂缝发展

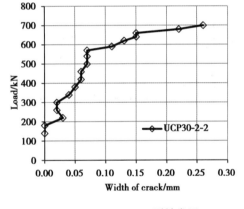

图 4.126　CP30-2-2 裂缝发展

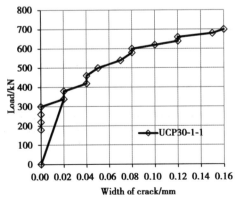

图 4.127　UCP30-1-1 裂缝发展

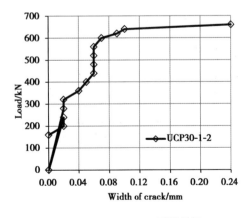

图 4.128　CP30-1-2 裂缝发展

由于在裂缝宽度达到 0.1 mm 时,U 肋已部分屈服,此时测试其弹性恢复力无意义,因此仅对 UCP30-1-1 和 UCP30-1-2 分别测试了荷载为 320 kN 和 240 kN 时的弹性恢复力,此时,卸载后裂缝均可闭合,裂缝宽度均不可测。

2) 负弯矩作用下截面应变分析

如图 4.129—图 4.136 所示为各试件在负弯矩作用下,U 肋顶面应变和钢筋应变随荷载的发展曲线。对 U 肋组合体,试验中还测试了正应变沿梁高的分布情况,如图 4.137—图 4.139 所示。在图 4.137—图 4.139 中,纵坐标为测点距试件截面底边缘(即受拉边缘,低收缩 UHPC 侧)的距离,横坐标为截面测点的应变,纵坐标左侧为受压区,右侧为受拉区,第 1 个荷载(120 kN 或 140 kN)为开裂前典型荷载,第 2 个荷载为低收缩 UHPC 开裂后 U 肋顶面屈服前荷载,第 3 个荷载为 U 肋顶面屈服后典型荷载,第 4 个荷载为钢筋即将屈服时的荷载。

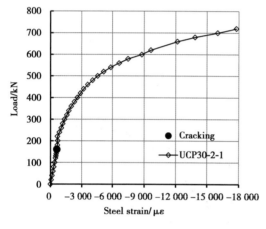

图 4.129　UCP30-2-1 U 肋顶面应变

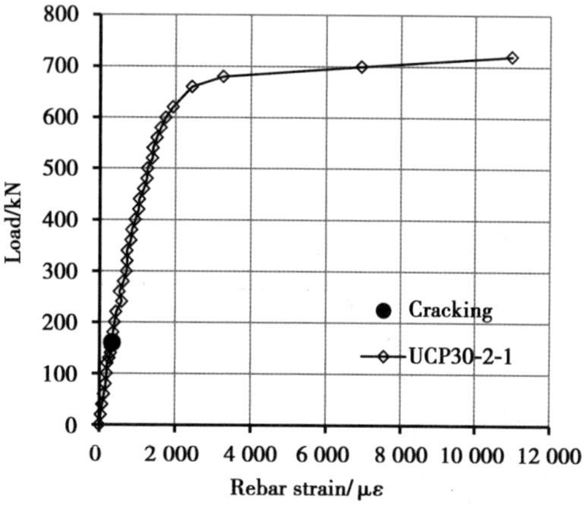

图 4.130　UCP30-2-1 钢筋应变

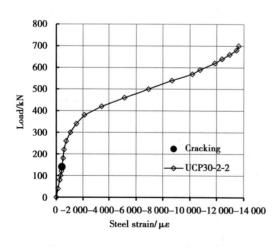

图 4.131　UCP30-2-2 U 肋顶面应变

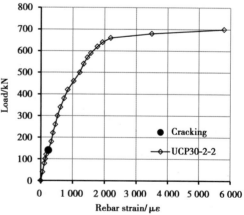

图 4.132　UCP30-2-2 钢筋应变

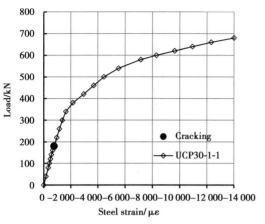

图 4.133　UCP30-1-1 U 肋顶面应变

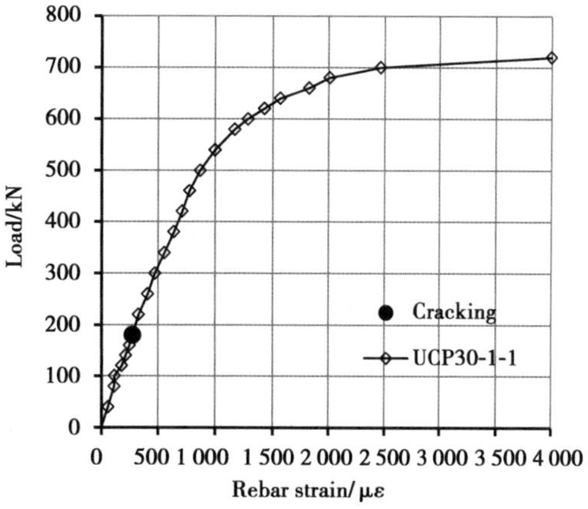

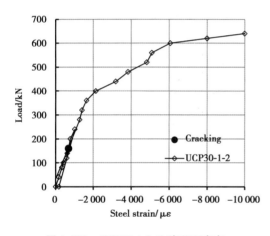

图 4.135　UCP30-1-2 U 肋顶面应变

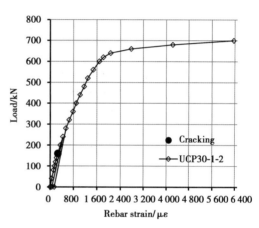

图 4.134　UCP30-1-1 钢筋应变

图 4.136　UCP30-1-2 钢筋应变

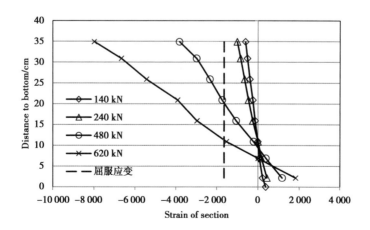

图 4.137　UCP30-1-2 全截面应变

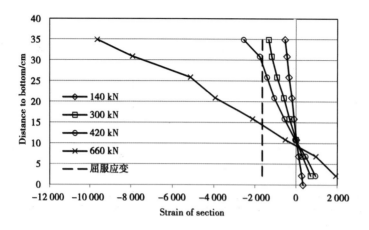

图 4.138　UCP30-2-1 全截面应变

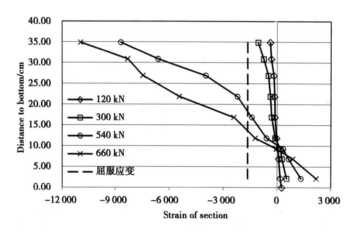

图 4.139　UCP30-2-2 全截面应变

由图可知,U 肋在 360～380 kN 即屈服,而钢筋的屈服则要晚得多,屈服时的荷载约为 650 kN。这表明,在负弯矩作用下,位于受压区的 U 肋是决定截面使用性能的关键因素。

从图中还可知,低收缩 UHPC 开裂时,钢筋应变和 U 肋应变均未出现组合板中的突增现象,这是 U 肋组合体刚度较大,由局部的微小开裂导致的刚度变化很小(这在挠度分析中也可以清楚地看出),U 肋应力和钢筋应力均未出现突增,这反映出低收缩 UHPC 良好的裂缝约束性能。

U 肋顶部的应变随荷载的变化与钢筋明显不同。在屈服前,U 肋应变基本随荷载成线性变化,开始屈服后,截面应变的发展逐渐增加,未出现突增现象。这是由于 U 肋为受弯构件,其截面塑性区的扩展是沿高度逐渐扩展的,虽然有部分截面屈服,但仍有部分截面处于弹性状态,可以有效地承担后续荷载,因此 U 肋顶部的应变发展呈现出逐渐加快的特点。而钢筋基本处于轴心受拉状态,一旦屈服即为全钢筋断面屈服,钢筋应变迅速增加,直至试件破坏。

从图 4.137—图 4.139 中还可知,U 肋组合体截面应变沿梁高分布基本满足平截面假定,在设计中仍可沿用平截面假定计算截面应力。混凝土开裂导致的中性轴的上移十分微小,从图中几乎难以发现,但 U 肋的塑性发展导致的中性轴移动较为明显,尤其是在加载后期。

3) 负弯矩作用下挠度及破坏

如图 4.140—图 4.145 所示,U 肋组合体的荷载-挠度曲线与组合板明显不同,U 肋组合体的荷载-挠度曲线不能清楚地划分出典型的工作阶段,在低收缩 UHPC 板开裂、钢筋屈服时荷载-挠度曲线未见明显弯折,这是由于 U 肋组合体刚度较大,低收缩 UHPC 开裂时的裂缝细小,截面的刚度损失并不大。其后随着裂缝数量的增加、宽度和高度的发展,刚度略有下降,但并不明显。从裂缝分析中可知,低收缩 UHPC 板中的裂缝虽然数量众多,但均为短小的间断裂缝,贯通低收缩 UHPC 高度方向的通缝数量很少。虽然形成通缝的截面低收缩 UHPC 退出了工作,但大量未形成通缝的截面仍能提供刚度,开裂后的截面刚度减小并不明显。

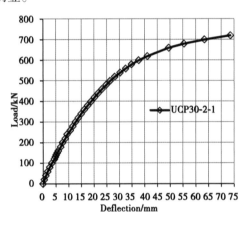

图 4.140　UCP30-2-1 荷载-挠度曲线

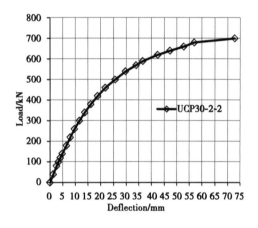

图 4.141　UCP30-2-1 荷载-挠度曲线

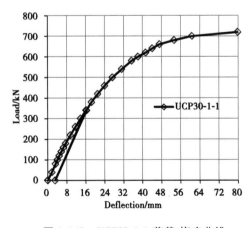

图 4.142　UCP30-1-1 荷载-挠度曲线

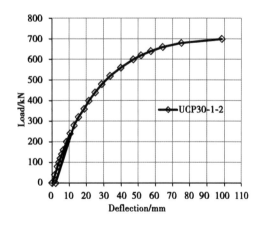

图 4.143　UCP30-1-2 荷载-挠度曲线

图 4.144　UCP30-2-2 钢结构破坏形态　　　　图 4.145　UCP30-1-1 钢结构破坏形态

试验表明,对截面刚度影响较大的是 U 肋的屈服。从图中可知,U 肋开始屈服后,挠度的发展加快,由于截面塑性区的扩展是逐渐发生的,因此截面刚度的损失也是一个逐渐发生的过程,荷载-挠度曲线未出现明显弯折。在荷载达到 620～660 kN,钢筋开始屈服后,挠度的发展明显加快,1 级荷载的挠度增量可到 10 mm 甚至更多,荷载-挠度曲线渐趋水平,直至破坏。

理论计算表明,U 肋单元与低收缩 UHPC 组合后,截面惯性矩由 $1.69 \times 10^{-4} \mathrm{m}^4$ 增加至 $2.38 \times 10^{-4} \mathrm{m}^4$,具有良好的增加截面刚度的效果。试验表明,即使低收缩 UHPC 开裂,对截面刚度影响并不大,只要钢筋不屈服,裂缝不失去约束,低收缩 UHPC 对截面刚度仍有较大贡献。

从裂缝分析和截面应变分析可知,U 肋组合体的破坏是由钢筋的屈服引起的,钢筋的屈服导致裂缝快速发展,截面刚度降低。破坏时,在跨中截面,U 肋顶部凹陷、腹板略有外鼓,有屈曲的现象,腹板上可明显看出受拉区被拉伸、受压区被压缩产生塑性变形,这一现象与截面应变分析的结果一致。

需要指出的是,由应变分析可知,破坏前,U 肋截面的大部分已处于塑性状态,破坏时的屈曲为塑性屈曲,是由截面塑性发展到一定程度时,局部刚度下降所导致的屈曲,截面破坏的属性仍为材料破坏,而非失稳破坏,属于 EC4 中的 2 类截面。破坏时的荷载为 720～740 kN,与全截面塑性的理论计算结果吻合良好。

4)正、负弯矩作用下 U 肋腹板主应力分析

U 肋组合体试件在 U 肋腹板高度方向每测点布置了 3 片直角应变花,如图 4.146 所示,从而可测得试件在正、负弯矩作用下的 U 肋腹板主应变和主应力。

为分析腹板上主应力,计算了组合体试件及 U 肋+钢板构件(以下简称"U 肋钢构件")在荷载作用下的理论应力分布和应力历程,其中 U 肋钢构件的板件尺寸、厚度、材料参数等均与 U 肋组合体的钢结构部分相同,唯一的差别是 U 肋钢构件不包括 UHPC 板。

图 4.146 U 肋组合体试件腹板应变花

如图 4.147—图 4.150 所示为 U 组合体各试件的荷载-腹板主应力曲线,图中,x 表示测点距跨中距、H 表示测点距钢翼缘板的高度,"S1"表示主拉应力实测值,"U 肋组合体"和"U 肋钢构件"分布表示相应的测点处主拉应力计算值。

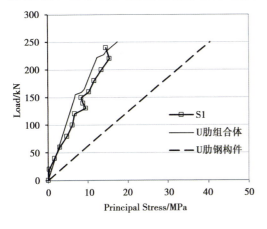

图 4.147 UCP30-2-1 主应力
($x = 15$ cm, $H = 4$ cm)

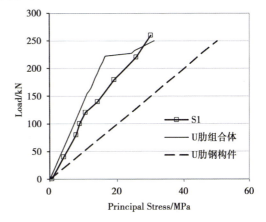

图 4.148 UCP30-2-2 主应力
($x = 20$ cm, $H = 2.5$ cm)

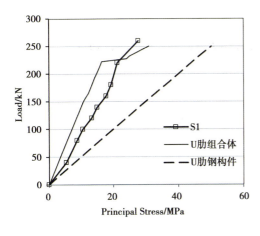

图 4.149 UCP30-1-1 主应力
($x = 20$ cm, $H = 2.5$ cm)

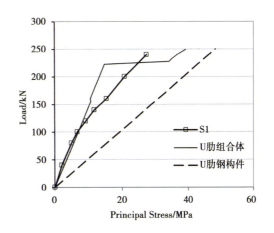

图 4.150 UCP30-1-2 主应力
($x = 25$ cm, $H = 2.5$ cm)

117

从以上各图可知,计算和实测结果均表明,U肋组合体腹板靠近焊缝处的主拉应力均比U肋钢构件明显小。在U肋组合体低收缩 UHPC 开裂前(120 kN),靠近焊缝处的主拉应力比U肋钢构件减小60%~70%,开裂后(200 kN 时)减小的幅度达45%~55%。由此可以推知,采用低收缩 UHPC 组合正交异性板,可显著减小U肋与腹板焊缝处的主拉应力,这对改善这一部位的疲劳性能是有利的。

开裂前,U肋腹板的主应力的实测与计算值吻合良好,开裂后,U肋腹板主应力稍大,当荷载大于 220 kN 后,计算值出现突增,实测值小于计算值。其原因在于计算中所采用的裂缝模型未能较好地模拟低收缩 UHPC 裂缝逐渐开展的情况,目前的混凝土裂缝模型多是基于普通混凝土强度理论的,当计算的等效应力大于抗拉强度(计算中抗拉强度取为 15 MPa)时,裂缝即出现,由于裂缝尖端的应力集中现象,较易出现裂缝突然开展的情况。当实测模型中出现裂缝刚度逐渐下降、腹板主拉应力逐渐增大时,若裂缝尖端等效应力未达到抗拉强度,则裂缝不发展,计算模型仍保有较大的刚度,此时表现为实测值较计算值略大。当裂缝尖端等效应力达到抗拉强度时,裂缝快速发展,使得计算模型刚度快速下降,腹板主拉应力出现突增,此时实测值小于计算值。此外,除个别测点外,在低收缩 UHPC 开裂前、后腹板主应力并没有明显突变,这表明低收缩 UHPC 开裂对U肋组合体的刚度并无显著影响,对腹板主应力影响也不明显。其原因与开裂对截面正应变和挠度影响相同,这里不再赘述。

为将理论应力与实测应力比较,在U肋腹板上定义了几条应力路径。如图 4.151 所示为U肋腹板计算理论应力考察路径,其中 L1—L3 为纵向,V1、V2 为腹板高度方向。L1 为U肋与翼缘板纵向交界纵向焊缝,L2、L3 在U肋腹板纵向距翼缘板高度分别为 2.5 cm、24 cm;V1 为跨中处,V2 为距跨中 15 cm 处。

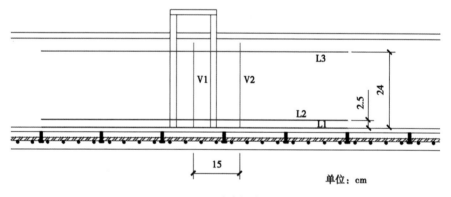

图 4.151　U肋腹板应力路径

综合图 4.147—图 4.149 及图 4.152,在开裂前计算值与实测值吻合良好,可以采用理论计算进行更为详细的研究。特别是可以验证U组合体中U肋与钢翼缘板接缝处的主拉应力减小情况,该处应力不便测量,难以通过试验验证。如图 4.153 所示为U肋组合体、U肋钢构件在相同外荷载作用($P=100$ kN)下U肋与翼缘板交界处主应力,即图 4.151 中的应力路径 L1 的主应力,以及U肋组合体中应力降低的百分比,应力降低百分比可计算为:

$$\frac{\text{U肋钢板应力} - \text{U肋组合体应力}}{\text{U肋钢板应力}} \times 100\%$$

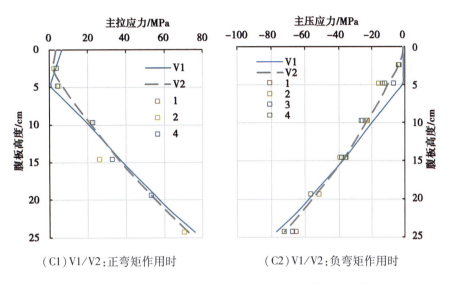

（C1）V1/V2：正弯矩作用时　　　　　　（C2）V1/V2：负弯矩作用时

图 4.152　100 kN 时 U 肋组合体理论应力与实测应力比较

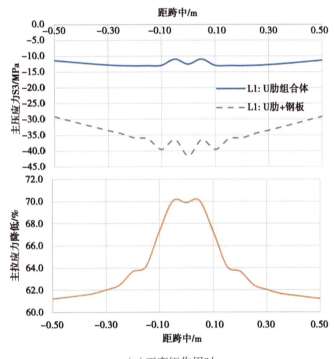

（a）正弯矩作用时

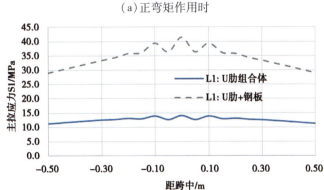

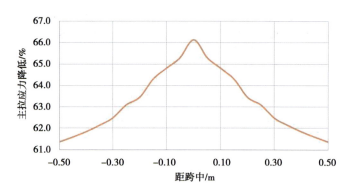

（b）负弯矩作用时

图 4.153　U 肋与翼缘板交界处主应力

由图 4.153 可见,在跨中左右侧各 0.5 m 范围内,与 U 肋钢构件相比,U 肋组合体的主应力在正弯矩作用时降低了 60% ~ 70% ,在负弯矩作用时降低了 61% ~ 66% 。

主应力的降低一方面是由于 55 cm 厚的 UHPC 板提高了构件的整体刚度约 40%（表 4.13）。由简单的理论可知,这将直接减小 U 肋组合体的正应力和剪应力,从而减小主拉应力。另一方面低收缩 UHPC 板具有较大的刚度,从而可以将局部作用的荷载传递至较大范围从而降低了局部应力。如图 4.154 所示为在相同荷载作用下(100 kN,正弯矩)的 U 肋组合体、U 肋钢构件腹板应力云图,图中的应力范围均为 −18 ~ −10 MPa。由图 4.154 可知,U 肋钢构件的腹板应力高、梯度大,应力沿纵向迅速降低。而 U 肋组合体腹板应力较小、梯度小,应力沿纵向较均匀且扩散范围较大,荷载作用点附近的应力降低,而远离作用点的应力提高。低收缩 UHPC 板的这种荷载扩散作用对承受车辆集中轮载的公路桥梁尤其有利。

表 4.13　U 肋钢构件与 U 肋组合体构件的截面特性

构件类型	面积		竖向弯曲惯性矩	
	A/m^2	提高/%	$I/(\times 10^{-4}\ m^2)$	提高/%
U 肋钢构件	0.015 5	—	1.733	—
U 肋组合体	0.023 1	49.0	2.401	38.5

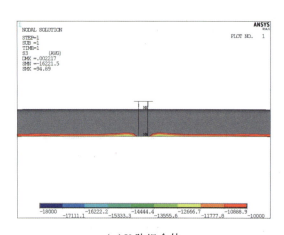

（a）U 肋组合体

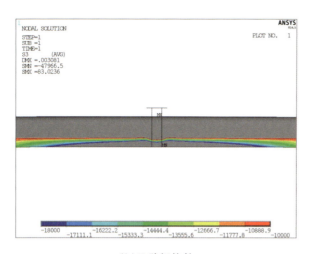

（b）U 肋钢构件

图 4.154　UHPC 桥面板对荷载的扩散传递示意

正是低收缩 UHPC 板的存在：一方面提高了截面刚度，减小了应力；另一方面将荷载作用扩散到较大区域，使荷载作用点附近的应力进一步降低，使得较易出现疲劳裂纹的 U 肋与翼缘板接缝处的主拉应力明显下降。

U 肋组合体试件的加载点尺寸为 0.2 m×0.6 m，与公路车辆荷载重轴轮载的平面尺寸一致。根据实验结果，UHPC 组合桥面板可降低轮载作用位置处 U 肋与上翼缘板接缝处应力 60% 以上，而 U 肋与上翼缘板交接处的纵向焊缝是疲劳热点区域，低收缩 UHPC 组合桥面板可有效降低该处的疲劳损伤。

4.3.4　钢-UHPC 组合桥面板受弯承载能力计算

1）钢-UHPC 组合板开裂弯矩计算

对组合板，同样采用换算截面进行开裂弯矩的计算。换算截面满足平截面假定并且不考虑钢板与混凝土的滑移。换算的原则是将钢换算为混凝土和将钢板换算为混凝土时不改变板的厚度，如图 4.155 所示。

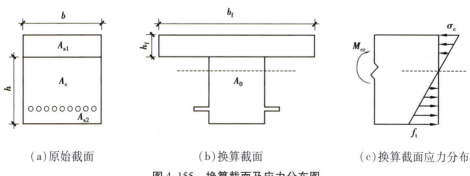

（a）原始截面　　　　　　　（b）换算截面　　　　　　　（c）换算截面应力分布

图 4.155　换算截面及应力分布图

在图 4.155 中，b 为 UHPC 组合板宽度，h_f 为钢板厚度，A_{s1} 为钢板原始截面面积，则 $A_{s1} = bh_f$，A_{s2} 为纵向钢筋原始截面面积，h 为 UHPC 层厚度，A_c 为混凝土截面面积（未扣除纵向钢筋面积),则 $A_c=bh$,A_0 为换算截面面积。按照等效换算的原则,已知 $b_f=\alpha_E b$,其中 $\alpha_E=E_s/E_c$,则 $A_0=\alpha_E A_{s1}+(\alpha_E-1)A_{s2}+bh$。$M_{cr}$ 计算公式如下:

$$M_{cr}=f_t W_0 \tag{4.31}$$

截面重心距受压区边缘的距离为

$$x_0=\frac{\alpha_E A_{s1}\cdot\frac{1}{2}h_f+bh(h_f+\frac{1}{2}h)+(\alpha_E-1)A_{s2}(h_0+h_f)}{\alpha_E A_{s1}+bh+(\alpha_E-1)A_{s2}} \tag{4.32}$$

此时,

$$I_0=\alpha_E A_{s1}(x_0-\frac{1}{2}h_f)^2+\frac{1}{12}bh^3+bh(\frac{h}{2}+h_f-x_0)^2+(\alpha_E-1)A_{s2}(h_0-x_0+h_f)^2 \tag{4.33}$$

则截面弹性抵抗矩为

$$W_0=\frac{I_0}{h+h_f-x_0}$$

$$=\frac{12\alpha_E A_{s1}(x_0-\frac{1}{2}h_f)^2+bh^3+bh(\frac{h}{2}+h_f-x_0)^2+12(\alpha_E-1)A_{s2}(h_0+h_f-x_0)^2}{12(h+h_f-x_0)} \tag{4.34}$$

2)钢-UHPC 组合板受弯两种破坏模式

在配筋适当,纵向钢筋位置布置合适的情况下,钢-UHPC 组合板试件在受弯时存在两种破坏模式:一种是中性轴位于钢板内,受拉钢筋屈服,钢板部分受压部分受拉但都达到屈服状态,UHPC 全部受拉;另一种是中性轴位于 UHPC 内,受拉钢筋达到屈服,钢板全截面受压屈服,部分 UHPC 受压且达到压碎。当中性轴刚好处于钢板与 UHPC 交界面上则是此模式的特例,仍然可按此状态处理。

3)破坏模式一计算方法

以破坏模式一计算钢-UHPC 组合板正截面受弯承载力。如图 4.156 所示,受压区钢板和受拉区钢板均达到屈服应力 f,纵向受拉钢筋达到屈服应力 f_y,受拉区 UHPC 则以全截面均达到最大拉应力 f_t 来考虑,忽略钢与混凝土间的滑移。

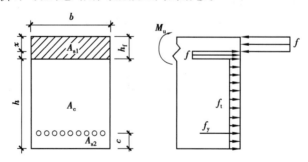

图 4.156 弯矩作用时组合板截面及应力分布示意图一

根据截面轴力平衡,可得

$$fbx = fb(h_f - x) + f_y A_{s2} + f_t bh \tag{4.35}$$

对受压区中心取矩,得截面弯矩平衡方程为

$$M_u = fb(h_f - x) \cdot \frac{h_f}{2} + f_y A_{s2}(h + h_f - c - \frac{x}{2}) + f_t bh(\frac{h}{2} + h_f - \frac{x}{2}) \tag{4.36}$$

式中　x——钢板受压区高度;

　　　c——钢筋中心至受拉侧 UHPC 边缘的距离;

　　　f_y——钢筋屈服强度,取 400 MPa;

　　　f——钢板屈服强度,取 345 MPa;

由式(4.35)解出钢板受压区高度 x,代入式(4.36)中可得出钢-UHPC 组合板的极限抗弯承载力 M_u^c(kN·m)。

根据试验分析,第 1、2 组试件 CP30-1、CP30-2(保护层厚度 17 mm)的受弯破坏属于破坏模式一,将式(4.35)得到的 M_u^c 与试验实测值 M_u^t(kN·m)进行比较,见表 4.14。

表4.14　组合板抗弯承载力计算值与试验值对比

试件编号	M_u^c	M_u^t	M_u^c/M_u^t	试件编号	M_u^c	M_u^t	M_u^c/M_u^t
CP30-1-1	25.58	25.88	0.99	CP30-2-1	25.58	24.66	1.04
CP30-1-2	25.58	24.72	1.08	CP30-2-2	25.58	24.9	1.07
CP30-1-3	25.58	25.12	1.02	CP30-2-3	25.58	24.4	1.05
CP30-1-4	25.58	25.80	0.99	CP30-2-4	25.58	24.16	1.06

从表 4.14 可知,试件 CP30-1、CP30-2 的 M_u^c/M_u^t 平均值 $\bar{x}=1.04$,标准差 $\sigma=0.03$,变异系数 $\delta=0.03$。可见公式计算值与试验值吻合极好,计算方法可行。

4)破坏模式二计算方法

以破坏模式二计算组合板正截面受弯承载力。如图 4.157 所示,钢板全截面受压屈服,达到屈服应力 f,纵向受拉钢筋达到屈服应力 f_y,受压区 UHPC 被压碎,以达到最大压应力 f_c 来考虑,受拉区 UHPC 则以均达到最大拉应力 f_t 来考虑,忽略钢与混凝土间的滑移。

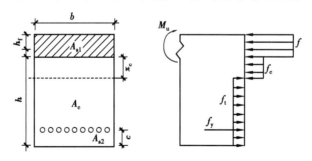

图4.157　弯矩作用时组合板截面及应力分布示意图二

根据截面轴力平衡,可得

$$f bh_f + f_c bx_c = f_y A_{s2} + f_t b(h - x_c) \tag{4.37}$$

对 UHPC 受压区中心取矩,得截面弯矩平衡方程为

$$M_u = fbh_f\left(h_f + \frac{x_c}{2}\right) + f_y A_{s2}\left(h - c - \frac{x_c}{2}\right) + f_t b(h - x_c)\frac{h}{2} \qquad (4.38)$$

式中　x_c——UHPC 受压区高度,其他参数意义同前。

由式(4.37)解出 UHPC 受压区高度 x_c,代入式(4.38)中可得到钢-UHPC 组合板的极限抗弯承载力 $M_u^c(\mathrm{kN \cdot m})$。

4.3.5　钢-UHPC 组合桥面板的刚度计算

钢-UHPC 组合板承受负弯矩时,UHPC 受拉。在正常使用荷载作用下,从试验实测结果来看,UHPC 板与钢板之间的滑移量很小,几乎可以忽略。本书在组合板的刚度计算中,不考虑 UHPC 板与钢板之间的滑移效应带来的折减。

如图 4.158 和图 4.159 所示为组合板试件 CP30-1-1、CP30-3-4 弯矩-挠度曲线刚度,曲线某点切线的斜率分别对应这一点的裂前刚度、裂后刚度与试验实测刚度。裂前刚度是按照 UHPC 在开裂之前,将 UHPC 板面积换算为等厚度钢筋面积得到的换算截面惯性矩 I_0[式(4.33)],由此裂前刚度 $B_0 = E_s I_0$。裂后刚度则是按照假设 UHPC 开裂后,混凝土全部退出工作,只有纵向钢筋和钢板参与受力的截面刚度,令截面惯性矩为 I_{cr},则裂后刚度 $B_{cr} = E_s I_{cr}$。实测刚度由跨中挠度实测值反算得到。

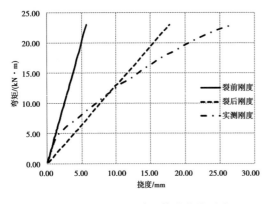

图 4.158　CP30-1-1 弯矩挠度曲线刚度　　图 4.159　CP30-3-4 弯矩挠度曲线刚度

由图 4.158 和图 4.159 可知,UHPC 开裂之前(实测刚度曲线拐点之前),组合板表现出良好的弹性,试件实测弯矩-挠度曲线与按开裂前刚度计算的弹性曲线基本吻合。UHPC 开裂以后,裂缝截面 UHPC 逐步退出工作,截面刚度下降(试件实测弯矩-挠度曲线逐渐平缓),挠度发展加快。裂缝间的混凝土依靠钢纤维仍能提供一定拉力,使得截面平均刚度大于完全开裂截面刚度(本书称为裂后刚度)。实测弯矩-挠度曲线中挠度的发展速度小于按裂后刚度计算的曲线,实测曲线未立刻偏到按裂后刚度计算的曲线上,而是随着裂缝的进一步发展逐渐靠近。随着钢板应力增大,截面平均刚度继续变小,最终小于裂后刚度。

以上分析可知,组合板 UHPC 开裂后,钢纤维的存在有效约束了裂缝,使构件具有较大的有效截面,从而提高了构件的刚度,表现出明显的受拉钢化作用。在正常使用荷载阶段,计算钢-UHPC 组合板挠度时需考虑受拉刚化效应的影响。若直接按裂后刚度计算挠度偏大,过于保守。

在组合板中,UHPC 板达到开裂弯矩后出现初始裂缝。进入裂缝发展阶段后,随着荷载增大,裂缝条数增多,数目达到稳定之后,进入宽度发展阶段。此阶段裂缝间距基本不再变化,随荷载不断增大的是裂缝宽度。在此过程中,钢-UHPC 组合板的惯性矩和截面刚度不断减小。裂前刚度 B_0 是钢-UHPC 组合板刚度上限值,裂后刚度 B_{cr} 是其下限值。

根据前面的介绍,在负弯矩作用下,受拉刚化效应对混凝土构件截面刚度有较大影响,各国在规范中均对此有所考虑,主要有 3 种方法:刚度解析法、对受拉刚化效应修正法和有效惯性矩法。我国《混凝土结构设计规范》(GB 50010—2019)为考虑这种影响采用的是刚度解析法。为了能够反映出开裂后混凝土参与工作的程度,通过设置裂缝区域钢筋应变不均匀系数,从而得到构件截面平均刚度计算公式。欧洲的模式规范 CEB-FIP MC90 则采用受拉刚化修正法。通过给出构件的弯矩-曲率本构模型,设置了混凝土开裂前、开裂后和钢筋屈服后 3 个基本刚度值。在混凝土受拉刚化效应的影响下,按弯矩值分 3 段计算构件的平均曲率,然后得出构件截面的平均刚度。《美国钢筋混凝土房屋建筑规范》采用第三种方法,规定在计算钢筋混凝土构件挠度时采用截面有效惯性矩值,在 I_0 与 I_{cr} 之间插入有效惯性矩:

$$I_e = \left(\frac{M_{cr}}{M} \right)^3 I_0 + \left[1 - \left(\frac{M_{cr}}{M} \right)^3 \right] I_{cr} \leqslant I_0 \tag{4.39}$$

式中　$M_{cr} \leqslant M$。

在钢-UHPC 组合板中,即使对普通钢筋混凝土组合梁,目前各国规范也均未给出其在负弯矩作用下考虑混凝土受拉刚化效应的计算方法。根据前面的介绍,组合板在正常使用荷载阶段所表现出的受拉刚化效应比较明显。且 UHPC 本质上是一种钢纤维混凝土,高丹盈曾建立了基于有效惯性矩的钢纤维高强混凝土梁刚度计算模型及公式,本书钢-UHPC 组合板可以参照研究。式(4.39)给出的有效惯性矩形式简单,无须过多试验参数,参照这一做法,通过观察,结合试验组合板试件实测刚度,利用 Matlab,使用最小二乘法实现曲线拟合,得到有效刚度为

$$B_e = \frac{1}{3} \left(\frac{M_{cr}}{M} \right)^2 B_0 + \frac{1}{2} \left(1 + \frac{M_{cr}}{M} \right) B_{cr} \tag{4.40}$$

同样以试件 CP30-1-1、CP30-3-4 为例,如图 4.160、图 4.161 所示,等效刚度与实测刚度吻合良好。

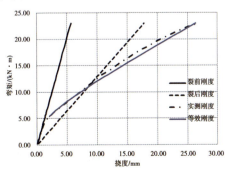

图 4.160　C-1 弯矩挠度曲线

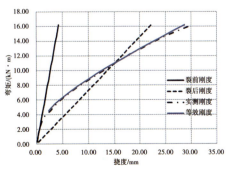

图 4.161　C-8 弯矩挠度曲线

4.3.6 钢-UHPC 组合桥面板裂缝宽度计算

现行的钢-混凝土组合梁,其负弯矩区裂缝宽度计算公式的不足之处在于,要么直接采用轴心受拉裂缝宽度计算公式,要么是以粘结-滑移理论为基础,由轴心受拉构件裂缝宽度计算公式导出而直接应用于受弯构件。两者都不能够反映出受弯构件弯曲曲率和钢筋保护层厚度对裂缝宽度的直接影响,没有考虑组合梁滑移效应对裂缝宽度计算的影响,计算结果存在较大偏差。

鉴于试验过程中,钢板与 UHPC 板的滑移量很小,几乎可以忽略。本书在裂缝宽度计算中也不考虑滑移的影响,而将弯曲曲率、裂缝高度和裂缝间距作为钢-UHPC 组合板裂缝宽度计算的主要影响因素来考虑。

在建立裂缝宽度计算公式之前,有必要对受纯弯钢-UHPC 组合板裂缝的形成和发展过程作简单的探讨。在使用弯矩达到构件开裂弯矩 M_{cr} 之前,可以按照弹性方法计算组合板的内力。M_{cr} 的值与板的截面尺寸、UHPC 强度等级有关,与配筋率关系不大。当 UHPC 板受拉边缘拉应力达到弯曲抗拉强度 f_t 时,将在混凝土最薄弱位置产生初始裂缝。由于拉区 UHPC 此时已有一定塑性,随着断裂能的释放,裂缝刚出现便会上升到一定高度。此时,裂缝两侧一定区域内 UHPC 产生应力松弛,相当于卸载回缩。裂缝出齐之后,随着荷载继续增加,钢筋与 UHPC 之间可能出现一定的黏结滑移,裂缝高度增大到一定高度 h_{cr} 后,基本上不再增加,而裂缝宽度则继续发展。继续加载,压区 UHPC 呈塑性,中性轴略有升高,受拉钢筋达到屈服,进入承载能力极限状态。

过往一些研究分析了钢筋混凝土构件的裂缝力学计算模型,把钢-混组合梁的弯曲曲率作为主要参数,同时考虑了裂缝高度和平均裂缝间距等因素来推导组合梁负弯矩区裂缝宽度计算公式为

$$\omega_m = \frac{1}{r} h_{cr} l_{cr} \tag{4.41}$$

式中　r——组合板使用荷载下板的弯曲曲率;

h_{cr}——组合板裂缝的开展高度。

本书对钢-UHPC 组合板裂缝宽度的计算参考了这种做法。

1)组合板曲率的计算

由材料力学可知,截面抗弯刚度与弯曲曲率 ϕ 之间的理论关系为

$$\phi = \frac{M}{EI} \tag{4.42}$$

对组合板,开裂后在使用荷载作用下的等效刚度可由式(4.40)计算得到,则截面曲率为

$$\frac{1}{r} = \frac{M}{B_e} \tag{4.43}$$

2)裂缝开裂高度的确定

要确定钢-UHPC 组合板的裂缝开裂高度 h_{cr},可先分析矩形截面混凝土梁 h_{cr} 的计算方法。对矩形混凝土梁,h_{cr} 可取该裂缝截面处中和轴以下混凝土拉应力达到弯曲抗拉强度 f_t

处至梁底的距离,其值与平均中和轴高度 $\overline{h_c}$ 接近,可近似取 $h_{cr} = \overline{h_c}$。取中和轴位置为沿梁长的余弦状曲线,以 h_c 表示开裂截面位置中和轴距梁底的高度;h_{c0} 表示中和轴位置最低处(裂缝间距的中间截面位置)距梁底面的高度,如图 4.162 所示,则中和轴距梁底面曲线方程为

$$h_{cx} = h_{c0} + \frac{1}{2}(h_c - h_{c0})\left(1 - \cos\frac{2\pi x}{l_{cr}}\right) \tag{4.44}$$

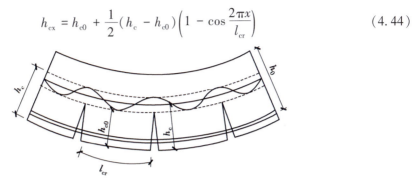

图 4.162　裂缝开裂高度示意图

将式(4.44)在平均裂缝间距 l_{cr} 内取均值,则可得到平均中和轴的高度为

$$\overline{h_c} = \frac{1}{l_{cr}}\int_0^{l_{cr}} h_{cx} d_x = \frac{1}{2}(h_c + h_{c0}) \tag{4.45}$$

对钢-UHPC 组合板,其开裂位于混凝土板内,最大裂缝高度最多只能是混凝土板高度 h_c。参考已有研究的做法,对钢-UHPC 组合板暂取裂缝高度为

$$h_{cr} = 0.8\frac{M}{M_u}h_c \tag{4.46}$$

3)平均裂缝间距的计算

以往对 RPC 加筋梁的试验研究表明,试验的平均裂缝间距实测值与按照《混凝土结构设计规范》(GB 50010—2019)中给出的平均裂缝间距计算值吻合较好,其结合了黏结-滑移理论中的变量 d/ρ_{te} 和无滑移理论中的 c。此处对 UHPC 加筋板平均裂缝间距的计算为

$$l_{cr} = 1.9c + 0.08\frac{d}{\rho_{te}} \tag{4.47}$$

4)组合板裂缝宽度验算

由式(4.38)结合相关参数得到试件在每一级荷载下的裂缝宽度值,并与试验实测值对比。以试件 CP30-1-1 和 CP30-3-4 为例,见表 4.15。裂缝宽度计算值 ω_m^c 与实测值 ω_m^t 的吻合程度可以由图 4.163—图 4.178 反映出来。

表 4.15　CP30-1-1 和 CP30-3-4 裂缝宽度计算值与实测值对比

CP30-1-1				CP30-3-4			
$M/(\mathrm{kN \cdot m})$	ω_m^c/mm	ω_m^t/mm	$\omega_m^c - \omega_m^t$ $/\mathrm{mm}$	$M/(\mathrm{kN \cdot m})$	ω_m^c/mm	ω_m^t/mm	$\omega_m^c - \omega_m^t$ $/\mathrm{mm}$
6.46	0.01	0.02	−0.01	4.54	0.01	0.04	−0.03

续表

CP30-1-1				CP30-3-4			
$M/(\text{kN}\cdot\text{m})$	ω_m^c/mm	ω_m^t/mm	$\omega_m^c-\omega_m^t$ /mm	$M/(\text{kN}\cdot\text{m})$	ω_m^c/mm	ω_m^t/mm	$\omega_m^c-\omega_m^t$ /mm
7.26	0.02	0.02	0	5.46	0.02	0.04	−0.02
7.98	0.02	0.03	−0.01	6.26	0.03	0.04	−0.01
8.78	0.03	0.04	−0.01	7.06	0.04	0.06	−0.02
9.54	0.04	0.05	−0.01	7.86	0.06	0.06	0
10.32	0.05	0.06	−0.01	8.66	0.08	0.09	−0.01
11.18	0.06	0.08	−0.02	9.06	0.09	0.09	0
11.86	0.07	0.08	−0.01	9.46	0.10	0.10	0
12.38	0.08	0.08	0	10.26	0.13	0.13	0
12.82	0.08	0.08	0	10.66	0.15	0.15	0
13.26	0.09	0.10	−0.01	11.46	0.18	0.17	0.01
14.10	0.11	0.10	0.01	11.86	0.19	0.19	0
14.74	0.12	0.12	0	12.26	0.21	0.20	0.01
15.66	0.14	0.12	0.02	13.06	0.25	0.26	−0.01
16.34	0.16	0.12	0.04	13.86	0.29	0.28	0.01
17.18	0.18	0.14	0.04	14.66	0.34	0.33	0.01
18.04	0.20	0.14	0.06	15.46	0.39	0.41	−0.02
18.54	0.21	0.16	0.05	16.26	0.44	0.46	−0.02
19.58	0.24	0.18	0.06				
20.70	0.28	0.22	0.06				
21.38	0.30	0.24	0.06				
22.26	0.33	0.27	0.06				

从上表可知,裂缝宽度计算值与实测值符合较好。

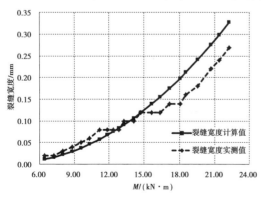

图 4.163　CP30-1-1 裂缝宽度-弯矩曲线

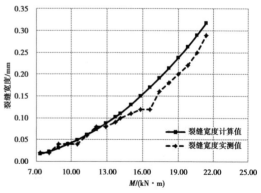

图 4.164　CP30-1-2 裂缝宽度-弯矩曲线

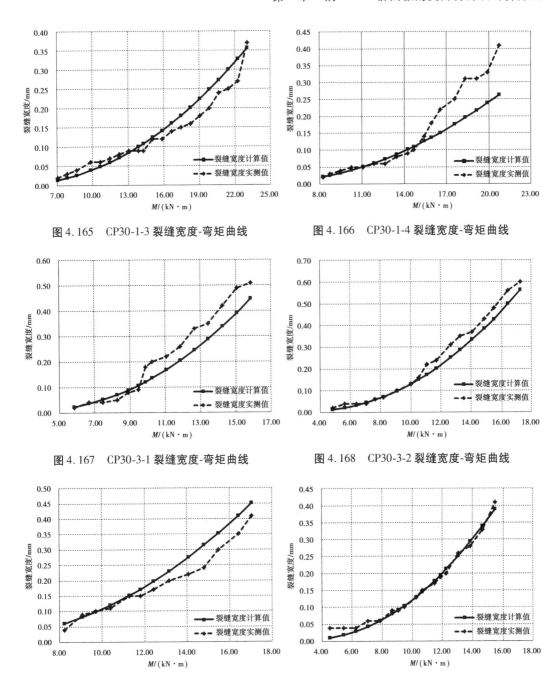

图 4.165 CP30-1-3 裂缝宽度-弯矩曲线

图 4.166 CP30-1-4 裂缝宽度-弯矩曲线

图 4.167 CP30-3-1 裂缝宽度-弯矩曲线

图 4.168 CP30-3-2 裂缝宽度-弯矩曲线

图 4.169 CP30-3-3 裂缝宽度-弯矩曲线

图 4.170 CP30-3-4 裂缝宽度-弯矩曲线

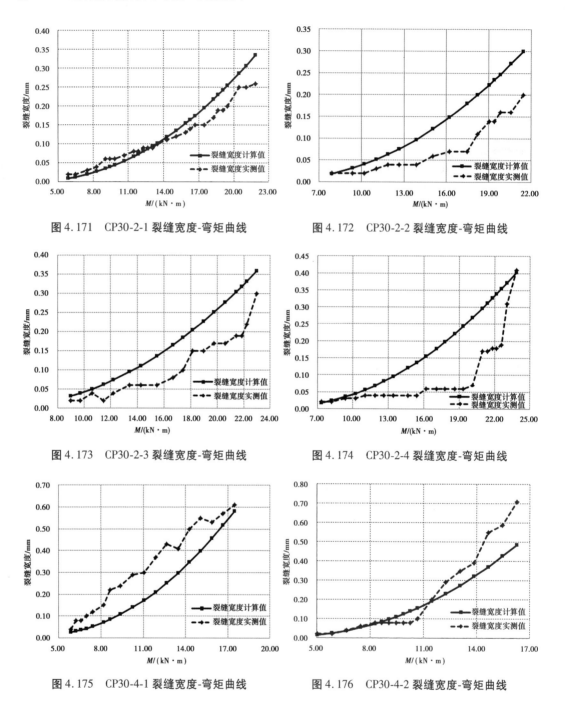

图 4.171　CP30-2-1 裂缝宽度-弯矩曲线

图 4.172　CP30-2-2 裂缝宽度-弯矩曲线

图 4.173　CP30-2-3 裂缝宽度-弯矩曲线

图 4.174　CP30-2-4 裂缝宽度-弯矩曲线

图 4.175　CP30-4-1 裂缝宽度-弯矩曲线

图 4.176　CP30-4-2 裂缝宽度-弯矩曲线

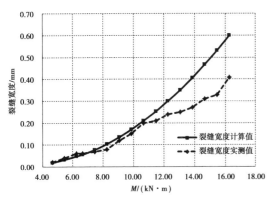

图 4.177　CP30-4-3 裂缝宽度-弯矩曲线

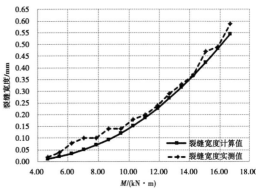

图 4.178　CP30-4-4 裂缝宽度-弯矩曲线

从图 4.163—图 4.178 可知,对大多数试件,裂缝宽度计算值与实测值都能够吻合得较好,尤其是对 0.2 mm 以下小裂缝吻合得更好。对小部分试件,在大弯矩作用下出现较大偏差,如 CP30-2-2、CP30-2-3、CP30-2-4、CP30-4-3,主要问题在于裂缝宽度实测值随荷载变化不明显,但在某一级荷载下出现突增,这可能是由于最大裂缝处的钢纤维分布比较多,对裂缝的约束作用很强,一部分钢纤维被拔出后,裂缝出现突增,但是裂缝宽度计算值普遍大于实测值,结果相对保守,还有的试件如 CP30-4-2 在荷载接近极限荷载时,实测值比计算值大很多,因为越临近极限荷载,试件的刚度下降得越厉害,这是可以理解的。

总体而言,式(4.41)概念清楚,计算简单,计算结果与试验数据吻合较好,具有广泛的适用性。

4.3.7　小结

依据对 16 个低收缩 UHPC-钢组合板试件和 4 个低收缩 UHPC-U 肋组合体试件的加载测试结果,初步探明了低收缩 UHPC 组合正交异性板沿顺桥向和横桥向的弯曲结构行为,可得到以下结论:

①根据对 44 个钢纤维掺量为 3%、采用常规养护的低收缩 UHPC 板(含 12 个素低收缩 UHPC 板,24 个加筋板,8 个组合板)的抗弯试验,其弯曲抗拉强度均值为 12.9 MPa,均方差为 2.1,具有 85% 保证率的弯曲抗拉强度为 10.8 MPa。

②根据对 18 个钢纤维掺量为 3%、采用加热养护的低收缩 UHPC 板(含 4 个素低收缩 UHPC 板,6 个加筋板,8 个组合板)的抗弯试验,其弯曲抗拉强度均值为 14.0 MPa,均方差为 1.6,具有 85% 保证率的弯曲抗拉强度为 12.4 MPa。

③对配筋率为 3.7% 的组合板,只要钢筋位置适当,具有良好的约束裂缝的能力。当保护层厚度为 17 mm 时,裂缝宽度达到 0.1 mm、0.15 mm、0.2 mm 时,常规养护试件的低收缩 UHPC 名义拉应力均值为 41.7 MPa、45.3 MPa、51.3 MPa。

④组合板具有良好的弹性恢复力,当裂缝宽度小于 0.15 mm 时卸载,仅少数试件的裂缝不能完全闭合,残余裂缝宽度不大于 0.02 mm;当裂缝宽度小于 0.2 mm 时卸载,残余裂缝宽度不大于 0.2 mm。同时,绝大部分下挠均得到恢复。

⑤试验表明,组合板的开裂后刚度和裂缝约束能力对钢筋位置较为敏感,在设计中宜采用尽量靠近受拉边缘的钢筋配置,同时,建议对横隔板附近可能出现横向弯曲的区域内,可以采用较其他区域更大的配筋率。

⑥对配筋率为 3.7%、且钢筋位置的组合板,当裂缝宽度为 0.2 mm 时,钢板的应力可达 150 MPa 以上。考虑钢结构应力由 1、2、3 体系的应力构成,使用荷载作用下,第三体系应力一般不会达到 150 MPa。对低收缩 UHPC 组合正交异性板,低收缩 UHPC 的裂缝宽度不会成为控制设计的主要因素。

⑦采用与第 1、2 组试件相同的钢筋配置时,组合板破坏始于受拉钢筋屈服,以受压钢板的屈服而告终,破坏前裂缝、挠度均有一个充分发展的过程,属适筋破坏。

⑧适筋组合板可分为整体工作阶段、带裂缝工作阶段和屈服破坏 3 个工作阶段,其整体结构行为与低收缩 UHPC 加筋板相似。

⑨试验表明,低收缩 UHPC-U 肋组合体中,低收缩 UHPC 开裂时,U 肋最大应力达 135 MPa 以上。U 肋开始屈服时,裂缝宽度不大于 0.05 mm,裂缝宽度达到 0.2 mm 时,U 肋截面已部分屈服。低收缩 UHPC 组合正交异性板纵向(低收缩 UHPC-U 肋组合体)在实际工程中开裂风险并不大,即使开裂也有良好的裂缝约束性能。

⑩低收缩 UHPC-U 肋组合体中,低收缩 UHPC 板裂缝数量多、宽度小,至破坏为止,贯通低收缩 UHPC 厚度方向的裂缝数量不多。在钢筋屈服前,裂缝的出现和发展对钢筋应力、钢结构应力影响不大,对挠度发展的影响较小。

⑪U 肋组合体的破坏始于钢筋屈服,钢筋屈服后低收缩 UHPC 中的裂缝发展迅速,截面刚度下降,U 肋全截面屈服,破坏时 U 肋伴有塑性屈曲现象。

⑫低收缩 UHPC 可明显增加 U 肋的刚度,低收缩 UHPC-U 肋组合体的抗弯刚度为 U 肋单元的 1.4 倍,且低收缩 UHPC 刚度大,增大了应力扩散范围。理论计算和试验结果表明,U 肋与钢板焊缝处的应力可减小 60%~70%,这对减小该部位的疲劳应力下限和疲劳应力幅均大有裨益。

⑬基于应变测试结果和平截面假定,提出了承载力极限状态下 UHPC 受压区混凝土应变分布模式,考察受拉区 UHPC 参与受拉工作的参与程度,推导得出了内力臂高度计算方法,并由截面力平衡和力矩平衡建立承载能力极限状态平衡方程及计算方法,计算值与实测值吻合。

⑭由 16 个低收缩 UHPC-钢组合板试件受弯试验,以实测弯矩-挠度曲线反算实测刚度,基于截面有效惯性矩法,通过数值逼近,求得叠合板有效刚度计算公式。由此进一步通过参考钢纤维混凝土基于有滑移理论及平均应变差计算公式的裂缝平均间距计算方法,引入裂缝开裂高度,基于无滑移理论考察保护层厚度的影响,建立了叠合板负弯矩作用下的裂缝宽度计算方法。刚度和裂缝宽度计算结果均同实测值吻合较好。

第5章　钢-UHPC组合梁桥施工技术

5.1　基于无支架施工的钢梁制造无应力线形控制

日本、法国和国内的实践来看，UHPC桥面板可采用的施工方式主要有现场摊铺浇筑施工和预制板现浇施工两种方式，这两种施工方式均在钢梁上进行。此外，钢梁具有良好的自架设能力，十分适宜预制拼装施工。钢箱梁制造时在工厂内采用胎架多点密集支承，基本处于无应力状态。而在架设完成后，钢箱梁处于有应力状态，在应力的作用下必然发生变形。确定合理的无应力制造线形，在施工完成时，主梁线形才能符合设计线形。

钢-UHPC组合梁的应用范围已逐渐由中小跨度的简支梁连续梁逐渐向大跨度悬索桥、斜拉桥扩展，对这些大跨度结构几何非线性是重要的影响因素。从研究的一般性出发，本节将基于几何控制法，对考虑几何非线性的钢梁无应力线形控制方法进行研究。

5.1.1　几何控制基本原理

几何非线性是大跨钢箱梁桥施工控制中不可忽略的力学特性，考虑几何非线性的几何控制法静力平衡方程是计算关键构件无应力几何构形的依据，这里有必要先建立静力平衡方程，并对上述原理进行论证。

1）最小势能的计算

超大跨度混合梁斜拉桥在本质上属于具有较强几何非线性性质的分阶段施工桥梁，在外力荷载作用下，结构内部将产生应力$\{\sigma\}$和应变$\{\varepsilon\}$。假定外力荷载是从零开始逐渐增加的，应力和应变也将从零开始逐步增加。在加载过程中，单位体积内应力所做的功称为应变能密度$\bar{U}$。对一般空间问题，$\bar{U}$的表达式为

$$\bar{U} = \int_0^{\varepsilon_x} \sigma_x \mathrm{d}\varepsilon_x + \int_0^{\varepsilon_y} \sigma_y \mathrm{d}\varepsilon_y + \int_0^{\varepsilon_z} \sigma_z \mathrm{d}\varepsilon_z + \int_0^{\gamma_{xy}} \tau_{xy} \mathrm{d}\gamma_{xy} + \int_0^{\gamma_{yz}} \tau_{yz} \mathrm{d}\gamma_{yz} + \int_0^{\gamma_{zx}} \tau_{zx} \mathrm{d}\gamma_{zx} = \int \{\sigma\}^\mathrm{T} \mathrm{d}\{\varepsilon\}$$

$$(5.1)$$

根据有限位移理论（大位移小应变理论），其单元材料的应力-应变关系为线性关系，即$\{\sigma\} = [D]\{\varepsilon\}$代入式（5.1），其中$[D]$为弹性矩阵，经过积分可以得到

$$\bar{U} = \int \{\varepsilon\}^\mathrm{T}[D] \mathrm{d}\{\varepsilon\} = \frac{1}{2}\{\varepsilon\}^\mathrm{T}[D]\{\varepsilon\}$$

$$(5.2)$$

对物体的整个体积内积分可以得到物体的应变能，其表达式为

$$U = \frac{1}{2}\int [B]^{\mathrm{T}}[D][B]\,\mathrm{d}x\mathrm{d}y\mathrm{d}z \tag{5.3}$$

当单元各结点上作用结点力 $\{F\}^e$,单元结点位移为 $\{\delta\}^e$,单元应变为 $\{\varepsilon\}=[B]\{\delta\}^e$(其中 $[B]$ 为应变矩阵),代入式(5.3)可得

$$U = \frac{1}{2}\{\delta\}^{e\mathrm{T}}([B]^{\mathrm{T}}[D][B]\,\mathrm{d}x\mathrm{d}y\mathrm{d}z)\{\delta\}^e = \frac{1}{2}\{\delta\}^{e\mathrm{T}}[k]^e\{\delta\}^e \tag{5.4}$$

其中 $[k]^e = [B]^{\mathrm{T}}[D][B]\,\mathrm{d}x\mathrm{d}y\mathrm{d}z$。

平面杆系单元的应变能表示式为

$$U = \frac{E}{2}\int \varepsilon_x^2 \mathrm{d}v \tag{5.5}$$

物体的势能 II_p 定义为物体的应变能 U 与外力势能 V 之差,即

$$II_p = U - V \tag{5.6}$$

其中,杆系单元的应变能 U 由式(2.5)计算可得,外力势由下式计算为

$$V = \sum F\delta + \int \{r\}^{\mathrm{T}}\{q\}\,\mathrm{d}x\mathrm{d}y\mathrm{d}z + \int_{S_\sigma}\{r_\mathrm{b}\}^{\mathrm{T}}\{\bar{p}\}\,\mathrm{d}s \tag{5.7}$$

其中,右端第一项为集中力 F 的势;第二项为体积力 $\{q\}$ 的势;第三项为面力 $\{p\}$ 的势;S_σ 为面力的表面;$\{r_\mathrm{b}\}$ 为表面 S_σ 上的位移;$\{\bar{p}\}$ 为给定的面力。

由最小势能原理(最小位能原理)可知,在所有满足边界条件的协调位移中,那些满足平衡条件的位移使得物体势能取驻值,即

$$\delta II_p = \delta U - \delta V = 0 \tag{5.8}$$

2)单元无应力状态参数

采用逐步安装施工方法的钢箱梁结构的形成是一个分阶段多工序的过程。在考虑几何非线性效应条件下,通过分析桥梁结构的内力来建立各施工阶段中间状态与桥梁结构成桥状态之间的联系。由于结构的内力与结构的形成历程(包括施工条件和环境因素)密切相关,是一个相对不稳定、不独立的量,因此无论用倒装计算法还是正装计算法来确定桥梁结构的中间理想状态是比较困难的。

设想将一座已建成的钢箱梁包括恒载在内的所有荷载卸载并把桥梁结构解体,使得各构件或单元处于零应力状态,这样结构各构件或者单元的无应力长度和曲率是一个确定的值。在桥梁施工过程中或成桥后,无论结构温度如何变化,外荷载如何施加及变化,各构件或单元的无应力长度和曲率是恒定不变的,变化的只是构件或单元的有应力长度和有应力曲率而已。无论是线性结构还是非线性结构,单元的无应力状态参数主要是单元无应力长度 l_0 和无应力曲率 K_0。

3)平面杆系单元刚度分析

(1)局部坐标系下平面梁单元正应变分析

局部坐标系下的平面梁单元 ij 如图5.1所示,单元上作用着轴向力 N,在不考虑剪应变的作用下,即假定轴向力的大小不受侧向挠度 v 的影响。在局部分析中,采用局部坐标系来表达梁单元的单元力与位移之间的关系。

挠度 v 在梁的中轴线上将引起附加应变。取梁单元一微段 $\mathrm{d}x$，那么微段 $\mathrm{d}x$ 在产生挠度 v 后，其单元长度将变化为

$$\mathrm{d}l = \sqrt{\mathrm{d}x^2 + \left(\frac{\mathrm{d}v}{\mathrm{d}x}\mathrm{d}x\right)^2} = \mathrm{d}x\sqrt{1 + \left(\frac{\mathrm{d}v}{\mathrm{d}x}\right)^2} \tag{5.9}$$

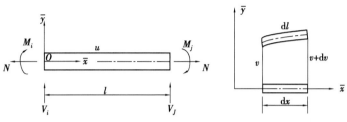

（a）梁单元示意图　　　　（b）梁单元变位图

图 5.1　局部坐标系下的梁单元及梁的变位图

利用二项式定理，将式（5.9）右端展开，并略去第三项以后的高次项，得到挠度 v 在梁中轴线上引起的附加应变为

$$\varepsilon_x^1 = \frac{1}{2}\left(\frac{\mathrm{d}v}{\mathrm{d}x}\right)^2 \tag{5.10}$$

由于侧向挠度 v 使得梁中轴线的曲率为 $\dfrac{\mathrm{d}^2v}{\mathrm{d}x^2}$，因此梁的弯曲应变为

$$\varepsilon_x^2 = -y\frac{\mathrm{d}^2v}{\mathrm{d}x^2} \tag{5.11}$$

轴向位移 u 所产生的梁内应变为

$$\varepsilon_x^3 = \frac{\mathrm{d}u}{\mathrm{d}x} \tag{5.12}$$

把以上 3 项应变叠加起来可得到梁单元内的应变为

$$\varepsilon_x = \frac{\mathrm{d}u}{\mathrm{d}x} - y\frac{\mathrm{d}^2v}{\mathrm{d}x^2} + \frac{1}{2}\left(\frac{\mathrm{d}v}{\mathrm{d}x}\right)^2 \tag{5.13}$$

其中，右端第一项是由轴向力引起的应变；第二项是由弯矩引起的应变，与所在截面形心的距离 y 有关；第三项是由梁弯曲变形所引起的附加应变，它反映了弯曲变形与轴向变形的耦连关系，此项为非线性应变量。

（2）梁单元应变能及 $\dfrac{\partial U^e}{\partial\{\delta\}^e}$ 计算

根据杆系单元应变能公式（5.5），把式（5.13）中各项应变沿梁单元轴向方向进行应变能积分，并展开可得

$$U^e = \frac{1}{2}\int_l\int_A E\left\{\left(\frac{\mathrm{d}u}{\mathrm{d}x}\right)^2 + y^2\left(\frac{\mathrm{d}^2v}{\mathrm{d}x^2}\right)^2 + \frac{1}{4}\left(\frac{\mathrm{d}v}{\mathrm{d}x}\right)^4 - 2y\left(\frac{\mathrm{d}u}{\mathrm{d}x}\right)\left(\frac{\mathrm{d}^2v}{\mathrm{d}x^2}\right) - \right.$$
$$\left. y\left(\frac{\mathrm{d}^2v}{\mathrm{d}x^2}\right)\left(\frac{\mathrm{d}v}{\mathrm{d}x}\right)^2 + \left(\frac{\mathrm{d}u}{\mathrm{d}x}\right)\left(\frac{\mathrm{d}^2v}{\mathrm{d}x^2}\right)\right\}\mathrm{d}A\mathrm{d}x \tag{5.14}$$

通过对梁单元的高度积分,把坐标原点放在梁截面的形心上,有 $\int_A y\mathrm{d}A = 0$,$\int_A y^2\mathrm{d}A = I$,并代入式(5.14)可得

$$U^e = \frac{1}{2}\int_l E\left\{A\left(\frac{\mathrm{d}u}{\mathrm{d}x}\right)^2 + I\left(\frac{\mathrm{d}^2v}{\mathrm{d}x^2}\right)^2 + A\left(\frac{\mathrm{d}u}{\mathrm{d}x}\right)\left(\frac{\mathrm{d}v}{\mathrm{d}x}\right)^2 + \frac{A}{4}\left(\frac{\mathrm{d}v}{\mathrm{d}x}\right)^4\right\}\mathrm{d}x \tag{5.15}$$

轴向力 N 与轴向位移 u 之间存在关系为

$$N = EA\frac{\mathrm{d}u}{\mathrm{d}x} \tag{5.16}$$

其中,N 以拉力为正,压力为负。

在式(5.15)中略去高阶项 $\frac{A}{4}\left(\frac{\mathrm{d}v}{\mathrm{d}x}\right)^4$,并把式(5.16)代入可得

$$U^e = \frac{1}{2}\int_l\left\{EA\left(\frac{\mathrm{d}u}{\mathrm{d}x}\right)^2 + EI\left(\frac{\mathrm{d}^2v}{\mathrm{d}x^2}\right)^2 + N\left(\frac{\mathrm{d}v}{\mathrm{d}x}\right)^2\right\}\mathrm{d}x \tag{5.17}$$

由式(5.17)可知,梁单元应变能可分为轴向应变能 U_a^e、弯曲应变能 U_b^e 和附加应变能 U_c^e 三部分,各项应变能的表达式为

$$U^e = U_a^e + U_b^e + U_c^e \tag{5.18}$$

$$U_a^e = \frac{1}{2}\int_l EA\left(\frac{\mathrm{d}u}{\mathrm{d}x}\right)^2\mathrm{d}x \tag{5.19a}$$

$$U_b^e = \frac{1}{2}\int_l EI\left(\frac{\mathrm{d}^2v}{\mathrm{d}x^2}\right)^2\mathrm{d}x \tag{5.19b}$$

$$U_c^e = \frac{1}{2}\int_l N\left(\frac{\mathrm{d}v}{\mathrm{d}x}\right)^2\mathrm{d}x \tag{5.19c}$$

上式中梁单元的结点位移采用的坐标系是局部坐标系。平面梁单元的结点位移在局部坐标系和整体坐标系下,可分别表示为

$$\{\bar{\delta}\}^e = \begin{Bmatrix} \bar{u}_i \\ \bar{v}_i \\ \bar{\theta}_i \\ \bar{u}_j \\ \bar{v}_j \\ \bar{\theta}_j \end{Bmatrix} \qquad \{\delta\}^e = \begin{Bmatrix} u_i \\ v_i \\ \theta_i \\ u_j \\ v_j \\ \theta_j \end{Bmatrix} \tag{5.20}$$

由单元几何关系可以得出局部坐标系下表达的节点位移 $\{\bar{\delta}\}^e$ 与整体坐标系下表达的位移 $\{\delta\}^e$ 之间的关系为

$$\{\bar{\delta}\}^e = [L]\{\delta\}^e \tag{5.21}$$

式中 $[L]$——坐标转换矩阵。

在进一步推导平衡方程前,需先计算出单元轴向应变能和弯曲应变能,而要计算弯曲应变能必须首先得到单元的几何曲率。以杆系单元安装时刻且没有荷载作用的曲率作为单元

几何曲率的计算起点。在杆端荷载作用下,单元变形后的几何曲率可由单元两端结点的位移来计算。

如图 5.2 所示,杆系单元长度为 l,在荷载作用下杆系单元结点位移分别为 $\{\bar{u}_i,\bar{v}_i,\bar{\theta}_i\}$ 和 $\{\bar{u}_j,\bar{v}_j,\bar{\theta}_j\}$,杆系单元变形曲线可以用 3 次曲线来表达。

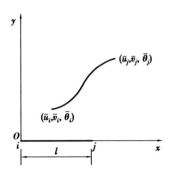

图 5.2　局部坐标系下杆系单元变形示意图

设杆系单元挠度函数 $\bar{v}(x)$ 为

$$\bar{v}(x) = c_1 x^3 + c_2 x^2 + c_3 x + c_4 \tag{5.22a}$$

则杆系单元转角函数 $\bar{\theta}(x)$ 为

$$\bar{\theta}(x) = \bar{v}'(x) = 3c_1 x^2 + 2c_2 x + c_3 \tag{5.22b}$$

已知变形后杆系单元两端结点位移,即 $\bar{v}(0)=\bar{v}_i$, $\bar{v}(l)=\bar{v}_j$, $\bar{\theta}(0)=\bar{\theta}_i$ 和 $\bar{\theta}(l)=\bar{\theta}_j$,代入式 (5.22),可以得到上式中各参数为

$$\bar{v}(x) = \frac{x^3}{l^3}(2\bar{v}_i - 2\bar{v}_j + l\bar{\theta}_i + l\bar{\theta}_i) + \frac{x^2}{l^2}(-3\bar{v}_i + 3\bar{v}_j - 2l\bar{\theta}_i - l\bar{\theta}_j) + \bar{\theta}_i x + \bar{v}_i \tag{5.23a}$$

$$\bar{\theta}(x) = \frac{3x^2}{l^3}(2\bar{v}_i - 2\bar{v}_j + l\bar{\theta}_i + l\bar{\theta}_i) + \frac{2x}{l^2}(-3\bar{v}_i + 3\bar{v}_j - 2l\bar{\theta}_i - l\bar{\theta}_j) + \bar{\theta}_i \tag{5.23b}$$

杆系单元变形后的曲率 $K(x)$ 为

$$K(x) = \bar{v}''(x) = \frac{6x}{l^3}(2\bar{v}_i - 2\bar{v}_j + l\bar{\theta}_i + l\bar{\theta}_i) + \frac{2}{l^2}(-3\bar{v}_i + 3\bar{v}_j - 2l\bar{\theta}_i - l\bar{\theta}_j) \tag{5.23c}$$

则变形后杆系单元 i 端的几何曲率为

$$K_i = \bar{v}''(0) = \frac{2}{l^2}(-3\bar{v}_i + 3\bar{v}_j - 2l\bar{\theta}_i - l\bar{\theta}_j) \tag{5.24a}$$

同理,可得变形后杆系单元 j 端的曲率为

$$K_j = \bar{v}''(l) = \frac{2}{l^2}(3\bar{v}_i - 3\bar{v}_j + l\bar{\theta}_i + 2l\bar{\theta}_j) \tag{5.24b}$$

单元轴向应变能 $\dfrac{\partial U_a^e}{\partial \{\delta\}^e}$ 是计算单元应变能的基础,引入单元无应力长度 l_0,梁单元的最终轴向变形为

$$\Delta l = \bar{u}_j - \bar{u}_i + l - l_0 \qquad (5.25)$$

式中　l——梁单元受力变形前的长度；

　　　l_0——梁单元的无应力长度；

　　　$l - l_0$——在该受力阶段前长度的变形量，若为单元安装阶段该项则为零。

已知梁单元轴向变位在梁内所产生的轴向应变能 U_a^e，则轴向应变能 U_a^e 可表达为

$$U_a^e = \frac{1}{2}\int_l EA\left(\frac{\mathrm{d}u}{\mathrm{d}x}\right)^2 \mathrm{d}x = \frac{EA}{2l}(\Delta l)^2 = \frac{EA}{2l}(\bar{u}_j - \bar{u}_i + l - l_0)^2$$

$$= \frac{EA}{2l}[(u_j\cos\alpha + v_j\sin\alpha) - (u_i\cos\alpha + v_i\sin\alpha) + l - l_0]^2 \qquad (5.26)$$

对轴向应变能 U_a^e 关于位移量 $\{\delta\}^e$ 求偏导，可得

$$\frac{\partial U_a^e}{\partial u_i} = \frac{EA}{l}\left[u_i\cos^2\alpha + \frac{1}{2}v_i\sin 2\alpha - u_j\cos^2\alpha - \frac{1}{2}v_j\sin 2\alpha - (l - l_0)\cos\alpha\right] \qquad (5.27\mathrm{a})$$

$$\frac{\partial U_a^e}{\partial v_i} = \frac{EA}{l}\left[\frac{1}{2}u_i\sin 2\alpha + v_i\sin^2\alpha - \frac{1}{2}u_j\sin 2\alpha - v_j\sin^2\alpha - (l - l_0)\sin\alpha\right] \qquad (5.27\mathrm{b})$$

$$\frac{\partial U_a^e}{\partial \theta_i} = 0 \qquad (5.27\mathrm{c})$$

$$\frac{\partial U_a^e}{\partial u_j} = \frac{EA}{l}\left[-u_i\cos^2\alpha - \frac{1}{2}v_i\sin 2\alpha + u_j\cos^2\alpha + \frac{1}{2}v_j\sin 2\alpha + (l - l_0)\cos\alpha\right]$$

$$\qquad (5.27\mathrm{d})$$

$$\frac{\partial U_a^e}{\partial v_j} = \frac{EA}{l}\left[-\frac{1}{2}u_i\sin 2\alpha - v_i\sin^2\alpha + \frac{1}{2}u_j\sin 2\alpha + v_j\sin^2\alpha + (l - l_0)\sin\alpha\right] \qquad (5.27\mathrm{e})$$

$$\frac{\partial U_a^e}{\partial \theta_j} = 0 \qquad (5.27\mathrm{f})$$

（3）弯曲应变能及 $\dfrac{\partial U_b^e}{\partial\{\delta\}^e}$ 计算

平面杆系梁单元挠度函数 $\bar{v}(x)$ 为 x 的三项式，则曲率 $(\mathrm{d}^2\bar{v})/(\mathrm{d}x^2)$ 必为 x 的一次函数，即说明曲率是关于 x 的线性函数。设梁单元 i 端曲率为 K_i，梁单元 j 端曲率为 K_j，梁单元 i 端无应力曲率为 K_{i0}，梁单元 j 端无应力曲率为 K_{j0}，有

$$K(x) = K_i + \frac{K_j - K_i}{l}x \qquad (5.28\mathrm{a})$$

$$\Delta K(x) = \Delta K_i + \frac{\Delta K_j - \Delta K_i}{l}x \qquad (5.28\mathrm{b})$$

$$\Delta K_i = \frac{2}{l^2}(-3\bar{v}_i + 3\bar{v}_j - 2l\bar{\theta}_i - l\bar{\theta}_j) - K_{i0} \qquad (5.28\mathrm{c})$$

$$\Delta K_j = \frac{2}{l^2}(3\bar{v}_i - 3\bar{v}_j + l\bar{\theta}_i + 2l\bar{\theta}_j) - K_{j0} \qquad (5.28\mathrm{d})$$

将梁单元无应力曲率表达式 $\Delta K(x)$ 代入弯曲应变能表达式（4.19b），弯曲应变能计算公式为

$$U_b^e = \frac{1}{2} \int_L \left\{ EI \left(\frac{d^2 v}{dx^2} \right)^2 \right\} dx = \frac{EI}{2} \int_0^l \Delta K^2(x) dx = \frac{EIl}{6} (\Delta K_i^2 + \Delta K_i \Delta K_j + \Delta K_j^2) \quad (5.29)$$

得到弯曲应变能 U_b^e 后,不难通过数学计算得到 U_b^e 关于位移量 $\{\delta\}^e$ 的偏导 $\frac{\partial U_b^e}{\partial \{\delta\}^e}$,其公式较为冗长,限于篇幅,这里不再一一给出。

（4）附加应变能及 $\frac{\partial U_c^e}{\partial \{\delta\}^e}$ 计算

通过对曲率函数 $\Delta K(x)$ 关于 x 的积分,可以得到 $\frac{d\bar{v}}{dx}$ 的表达式为

$$\frac{d\bar{v}}{dx} = \bar{\theta}(x) = \int \frac{d^2 \bar{v}}{dx^2} dx = \int \Delta K(x) dx = \Delta K_i x + \frac{\Delta K_j - \Delta K_i}{2l} x^2 + C \quad (5.30)$$

当 $x = 0$ 时, $\bar{\theta}(0) = \bar{\theta}_i$,则 $C_1 = \bar{\theta}_i$。

将上式代入式（5.19c）并展开,可以得

$$U_c^e = \frac{N}{2} \left[l^3 \frac{\Delta K_i^2}{3} - l^3 \frac{\Delta K_i (\Delta K_i - \Delta K_j)}{4} + l^3 \frac{(\Delta K_i - \Delta K_j)^2}{20} + \bar{\theta}_i l^2 \left(\frac{2\Delta K_i + \Delta K_j}{3} \right) + \bar{\theta}_i l \right] \quad (5.31)$$

同样地,在得到附加应变能 U_c^e 后,不难求出 $\frac{\partial U_c^e}{\partial \{\delta\}^e}$,这里不再一一给出。

（5）平面杆系单元刚度的一般分析

根据式（4.6）和式（4.7）,平面杆系单元的势能 II_P 表达式为

$$II_p = U - V_{\bar{p}} - V_F = \frac{1}{2} \{\delta\}^{eT} \int_l \{[B]^T [D] [B]\} dx \{\delta\}^e - \{\delta\}^e \int_l [N]^T \{\bar{p}\} dx - \{\delta\}^e \{F\}^e \quad (5.32)$$

根据最小势能原理表达式（2.8）,可求得杆系单元节点力与节点位移及外荷载的关系,即

$$\frac{\partial II_P}{\partial \{\delta\}^e} = \frac{\partial U^e}{\partial \{\delta\}^e} - \frac{\partial V_{\bar{p}}}{\partial \{\delta\}^e} - \frac{\partial V_F}{\partial \{\delta\}^e} = 0 \quad (5.33)$$

整理式（5.33）整理可得

$$\{F\}^e + \int_l [N]^T \{\bar{p}\} dx = \int_l \{[B]^T [D] [B]\} dx \{\delta\}^e \Leftrightarrow \{F\}^e + \{F\}_{\bar{p}}^e = [K] \{\delta\}^e \quad (5.34)$$

等式左边项表示为节点集中力和外荷载所引起的节点力,等式右边项表示为节点位移所引起的等效节点力,其中 $[K]$ 反映了杆系单元的刚度情况。

4）几何非线性静力平衡方程

由上一节可知,在平面杆系单元应变能 U^e 的积分过程中,考虑了几何控制法的两个参数量（单元无应力长度 l_0 和无应力曲率 K_0）。根据最小势能原理,应变能 $\frac{\partial U^e}{\partial \{\delta\}^e}$ 计算结果中包含了这两个参数量的表达式,现列出刚度矩阵各项的表达式。

由平面杆系单元刚度的一般分析,将轴向力应变能 $\frac{\partial U_a^e}{\partial\{\delta\}^e}$ 和弯曲应变能 $\frac{\partial U_b^e}{\partial\{\delta\}^e}$ 各项整理可得

$$[k_D] = [k_a] + [k_b] \tag{5.35}$$

$$\{l_D\} = \{l_a\} + \{l_b\} \tag{5.36}$$

其中,

$$[k_a] = \frac{E}{l}\begin{bmatrix} A\cos^2\alpha & \frac{A}{2}\sin 2\alpha & 0 & -A\cos^2\alpha & -\frac{A}{2}\sin 2\alpha & 0 \\ \frac{A}{2}\sin 2\alpha & A\sin^2\alpha & 0 & -\frac{A}{2}\sin 2\alpha & -A\sin^2\alpha & 0 \\ 0 & 0 & 0 & 0 & 0 & 0 \\ -A\cos^2\alpha & -\frac{A}{2}\sin 2\alpha & 0 & A\cos^2\alpha & \frac{A}{2}\sin 2\alpha & 0 \\ -\frac{A}{2}\sin 2\alpha & -A\sin^2\alpha & 0 & \frac{A}{2}\sin 2\alpha & A\sin^2\alpha & 0 \\ 0 & 0 & 0 & 0 & 0 & 0 \end{bmatrix} \tag{5.37a}$$

$$[k_b] = \frac{E}{l}\begin{bmatrix} \frac{12I}{l^2}\sin^2\alpha & -\frac{6I}{l^2}\sin 2\alpha & -\frac{6I}{l}\sin\alpha & -\frac{12I}{l^2}\sin^2\alpha & \frac{6I}{l^2}\sin 2\alpha & -\frac{6I}{l}\sin\alpha \\ -\frac{6I}{l^2}\sin 2\alpha & \frac{12I}{l^2}\cos^2\alpha & \frac{6I}{l^2}\cos\alpha & \frac{6I}{l^2}\sin 2\alpha & -\frac{12I}{l^2}\cos^2\alpha & \frac{6I}{l}\cos\alpha \\ -\frac{6I}{l}\sin\alpha & \frac{6I}{l}\cos\alpha & 4I & \frac{6I}{l}\sin\alpha & -\frac{6I}{l}\cos\alpha & 2I \\ -\frac{12I}{l^2}\sin^2\alpha & \frac{6I}{l^2}\sin 2\alpha & \frac{6I}{l}\sin\alpha & \frac{12I}{l^2}\sin^2\alpha & -\frac{6I}{l^2}\sin 2\alpha & \frac{6I}{l}\sin\alpha \\ \frac{6I}{l^2}\sin 2\alpha & -\frac{12I}{l^2}\cos^2\alpha & -\frac{6I}{l}\cos\alpha & -\frac{6I}{l^2}\sin 2\alpha & \frac{12I}{l^2}\cos^2\alpha & -\frac{6I}{l}\cos\alpha \\ -\frac{6I}{l}\sin\alpha & \frac{6I}{l}\cos\alpha & 2I & \frac{6I}{l}\sin\alpha & -\frac{6I}{l}\cos\alpha & 4I \end{bmatrix} \tag{5.37b}$$

$$\{l_D\} = \frac{E}{l}\begin{bmatrix} -A(l-l_0)\cos\alpha - I(K_{i0}-K_{j0})\sin\alpha \\ -A(l-l_0)\sin\alpha + I(K_{i0}-K_{j0})\cos\alpha \\ K_{i0}lI \\ A(l-l_0)\cos\alpha + I(K_{i0}-K_{j0})\sin\alpha \\ A(l-l_0)\sin\alpha - I(K_{i0}-K_{j0})\cos\alpha \\ -K_{j0}lI \end{bmatrix} \tag{5.38}$$

$[K_D]$ 反映了杆系单元截面 EA 及 EI 的影响,为单元弹性刚度矩阵。

将附加应变能 $\frac{\partial U_c^e}{\partial\{\delta\}^e}$ 各项整理可得

$$[k_\sigma] = \frac{N}{l} \begin{bmatrix} \frac{6}{5}\sin^2\alpha & -\frac{3}{5}\sin 2\alpha & -\frac{l}{10}\sin\alpha & -\frac{6}{5}\sin^2\alpha & \frac{3}{5}\sin 2\alpha & -\frac{l}{10}\sin\alpha \\[2mm] -\frac{3}{5}\sin 2\alpha & \frac{6}{5}\cos^2\alpha & \frac{l}{10}\cos\alpha & \frac{3}{5}\sin 2\alpha & -\frac{6}{5}\cos^2\alpha & \frac{l}{10}\cos\alpha \\[2mm] -\frac{l}{10}\sin\alpha & \frac{l}{10}\cos\alpha & \frac{2l^2}{15} & \frac{l}{10}\sin\alpha & -\frac{l}{10}\cos\alpha & -\frac{l^2}{30} \\[2mm] -\frac{6}{5}\sin^2\alpha & \frac{3}{5}\sin 2\alpha & \frac{l}{10}\sin\alpha & \frac{6}{5}\sin^2\alpha & -\frac{3}{5}\sin 2\alpha & \frac{l}{10}\sin\alpha \\[2mm] \frac{3}{5}\sin 2\alpha & -\frac{6}{5}\cos^2\alpha & -\frac{l}{10}\cos\alpha & -\frac{3}{5}\sin 2\alpha & \frac{6}{5}\cos^2\alpha & -\frac{l}{10}\cos\alpha \\[2mm] -\frac{l}{10}\sin\alpha & \frac{l}{10}\cos\alpha & -\frac{l^2}{30} & \frac{l}{10}\sin\alpha & -\frac{l}{10}\cos\alpha & \frac{2l^2}{15} \end{bmatrix} \tag{5.39}$$

$$\{l_\sigma\} = \frac{N}{l} \begin{bmatrix} \frac{l^2(-\sin\alpha)}{20}(7K_{i0}+3K_{j0}) \\[3mm] \frac{l^2(\cos\alpha)}{20}(7K_{i0}+3K_{j0}) \\[3mm] \frac{l^3}{60}(3K_{i0}+2K_{j0}) \\[3mm] \frac{l^2\sin\alpha}{20}(7K_{i0}+3K_{j0}) \\[3mm] \frac{l^2(-\cos\alpha)}{20}(7K_{i0}+3K_{j0}) \\[3mm] \frac{-l^3}{60}(2K_{i0}+3K_{j0}) \end{bmatrix} \tag{5.40}$$

由式(5.42)可知,$[k_\sigma]$矩阵与截面刚度特性 A、I 无关,只与杆系的几何长度和位置有关,称为单元几何刚度矩阵;由于$[k_\sigma]$还与初始轴力 N 有关,所以也称为初应力刚度矩阵。

在结构静力平衡状态下,每一个节点处各等效节点力总和应该与作用在节点上的外力总和相平衡。在考虑几何控制法的两个无应力状态参数的情况下,式(5.34)可表达为

$$[K]\{\delta\} + \{L_0\} = \{F\} \tag{5.41}$$

上式即为分阶段几何控制法的几何非线性静力平衡方程表达式。其中,

$\{F\}$ 为杆系结构所作用的外荷载(包括节点集中力$\{F\}^e$ 和外荷载$\{F\}_p^e$);

$\{\delta\}$ 为杆系结构的节点位移;

$[K]$ 为总体刚度矩阵,由单元弹性刚度矩阵$[K_D]$和初应力刚度矩阵$[K_\sigma]$两部分组成,其表达式为

$$[K] = [K_D] + [K_\sigma] \tag{5.42}$$

$\{L_0\}$为单元无应力长度 l_0 和无应力曲率 K_0 的存在所引起的节点等效荷载力,也可表达为弹性项和初应力项

$$\{L_0\} = \{L_D\} + \{L_\sigma\} \tag{5.43}$$

$$\{L_D\} = \sum \{l_D\} \tag{5.44}$$

$$\{L_\sigma\} = \sum \{l_\sigma\} \tag{5.45}$$

其中，$\sum$ 表示各单元的组集过程，$\{l_D\}$ 见式(5.38)，$\{l_\sigma\}$ 见式(5.40)。将式(5.42)代入式(5.41)可得

$$([K_D] + [K_\sigma])\{\delta\} + \{L_D\} + \{L_\sigma\} = \{F\} \tag{5.46}$$

初始应力刚度矩阵$[K_\sigma]$和$[L_\sigma]$均与轴力 N 有关，需通过迭代的方式才能得到正确的内力和位移。

由分阶段几何控制法的几何非线性静力平衡方程(式5.46)可知，等式左边的单元弹性刚度矩阵$[K_D]$和初始应力刚度矩阵$[K_\sigma]$反映了结构构件或单元的刚度情况，即反映了结构构件或单元的结构体系；结构构件或单元所作用的外荷载$\{F\}$反映了相应的作用体系；$\{L_D\}$是指单元无应力长度l_0和无应力曲率K_0的存在所引起的节点等效荷载力。从静力平衡方程可知，对几何非线性结构，结构处于静力平衡状态不仅与结构构件或单元的结构体系和作用体系有关，还与结构构件或单元安装时刻的初始几何尺寸和形状的条件是息息相关的。进一步来说，通过结构构件或单元初始形态(即无应力状态)，可以将结构形成过程的中间状态和最终状态之间的关系联系起来。

同时，由分阶段几何控制法的几何非线性静力平衡方程(式5.46)可知，在结构最终状态相对应的结构体系、作用体系一定的条件下，考虑几何非线性效应条件下，结构最终状态只会与单元无应力长度l_0和无应力曲率K_0相关，即意味着在几何控制法中结构构件或单元的初始几何形态(单元无应力长度l_0和无应力曲率K_0)决定了结构最终状态，而与结构构件的安装历程、作用的施加和变迁历程无关。"结构的成桥状态只与成桥恒载、结构体系和构件的无应力几何参数有关，与施工过程无关"的原理对几何非线性结构仍然是成立的。在钢箱梁桥的施工控制中，控制对象为主梁无应力尺寸和形状。在无制造和计算误差的条件下，主梁以成桥阶段对应的无应力线形和形状作为制造的无应力线形和主梁形状，在安装阶段则应重现其无应力线形，即按无应力线形不变的原则进行安装(浇注)。这样就保证了构件安装时的初始几何尺寸和形状(即构件的无应力状态)与成桥目标状态所对应的构件无应力状态相同，如果没有误差，就可以通过构件的无应力几何参数实施控制，达到控制成桥几何构形和内力状态的目的。这样就将施工控制中对测试误差的物理量控制转化为测量误差较小的几何量控制，这无疑是实现控制目标的良好途径。

5.1.2　构件初始几何参数的确定

对采用节段预制拼装的钢梁，根据无应力线形的概念，同样可以将结构在某种状态下(如成桥状态)的内力释放后得到无应力线形。但通过内力释放计算无应力线形涉及较复杂的力学计算，存在较大的计算误差，且难以实现计算过程的标准化。

根据双参数几何控制的基本原理，主梁无应力状态参数可由无应力梁长和无应力曲率来描述，无论结构如何形成，只要成桥时结构体系不变、作用体系不变，则其无应力构形是唯一的，无应力梁长和无应力曲率不会发生改变，即在其后的任意结构状态下将其所受内力释

放后都可得到该相邻梁段相同的无应力状态关系。

　　悬拼施工时待安装梁段处于无应力状态,而已安装梁段处于受力状态。如果在悬拼阶段将相邻的已安装梁段应力释放,则它与待安装梁段均是无应力的,由此可确定它们的无应力关系。

　　按照这种思想,可采用一种直接基于施工全过程的阶段计算结果,先计算任意相邻梁段间的无应力关系,进而计算无应力线形的方法。该方法简单、直观,计算效率高,且易于实现计算过程的标准化。

　　如前所述,无应力线形可由主梁的无应力曲率和梁长来描述。理想的无应力线形是连续光滑曲线,如图 5.3 所示的夹角 α,实际上夹角 α 反映了相邻梁段曲率的变化,即梁段无应力曲率可通过梁段间夹角来描述。若已知梁段①的位置 A 和 B,则由反映相邻梁段无应力关系的夹角 α 和梁段②的长度不难计算无应力线形上的 C 点位置。

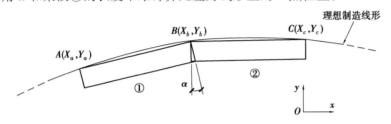

图 5.3　理想制造线形与实际预拼线形

　　对悬臂拼装的边跨,无应力线形中相邻梁段间的夹角 α 的计算如图 5.4 所示。图中 B、C 为安装线形上的两点,梁段②安装时,相邻的上一梁段①已由其安装位置 AB 变形至位置 $A'B'$,且此时梁段①的 B' 端断面产生了大小为 θ_{def} 的转角变形(需注意的是,有限元计算结果中节点转角位移代表的断面总转角位移一般包括断面刚体转动和转角变形两部分)。$A'B'$ 间虚线部分是梁段①刚体移动后的位置,它与待安装梁段②间的角度为 α_0。

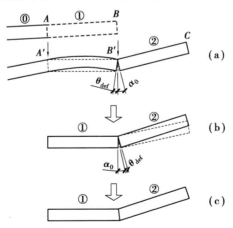

图 5.4　梁段预拼夹角计算示意

　　显然,若将梁段①、②(图中的实线部分)间夹角设置为 $\alpha=\alpha_0+\theta_{def}$[图 5.4 (b)],则在梁段②安装时,它与梁段①的接口角度仍为 α,而其梁端恰好位于欲安装位置 C,由此即可得悬拼梁段①、②线形的轴线夹角 α。

上述由图 5.4(a)到图 5.4(b)处理 θ_{def} 的过程就相当于将梁段①在 $A'B'$ 状态引起端面角度变化的弯矩和剪力释放(端面间的角度关系与梁段轴力无关),这样就保证了 α 角表达的①、②梁段间关系为无应力状态关系(轴力状态不影响角度关系),即无应力线形曲率。

根据图 5.4(b)中确定的①、②梁段间夹角 α,在主梁预制时,前一个已预制梁段与预制梁段间保持此角度关系[图 5.4(c)],即保持无应力曲率不变,则在梁段②安装时,可实现与梁段①的无缝拼接,且 C 点自然与安装标高吻合。

表 5.1 为根据施工全过程分析结果计算夹角 α 时采用的符号,表中仅表示了竖向线位移 u 和面内转动角位移 θ(一般桥梁结构分析的习惯是,竖向表示重力加速度方向,面内表示桥梁轴线方向与竖直方向形成的垂直平面),第一个下标 A、B、C 表示位置编号(图 5.4),第二个下标 0、1、2 表示对应于梁段①、①和②安装时,如 u_{B2} 表示梁段②安装时位置 B 竖向位移计算值。

表 5.1　制造线形计算所用符号

位置	线位移 u、角位移 θ			安装标高
A	u_{A0}、θ_{A0}	u_{A1}、θ_{A1}	u_{A2}、θ_{A2}	INSA
B	u_{B1}、θ_{B1}	u_{B2}、θ_{B2}	—	INSB
C	u_{C2}、θ_{C2}	—	—	INSC

梁段②安装时梁段①的 B 端断面转角变形 θ_{def} 为

$$\theta_{\text{def}} = (\theta_{B2} - \theta_{B1}) - \theta_{\text{rig}}$$
$$= (\theta_{B2} - \theta_{B1}) - \frac{|(u_{B2} - u_{B1}) - (u_{A2} - u_{A1})|}{L_1} \tag{5.47}$$

角度 α_0 为

$$\alpha_0 = \left| \frac{|(INS_c + u_{c2}) - (INS_B + u_{B2})|}{L_2} - \frac{|(INS_B + u_{B2}) - (INS_A + u_{A2})|}{L_1} \right| \tag{5.48}$$

其中,L_1、L_2 表示梁段①、②的长度。梁段①、②间制造线形的夹角 α 为

$$\alpha = \alpha_0 + \theta_{\text{def}} \tag{5.49}$$

无应力曲率只表示无应力状态下各梁段间的相互关系,即各相邻梁段轴线(端面)间角度关系,在预制时,无应力线形可进行任意的刚体平移和转动。计算时先给定某个梁段两端的制造标高,再根据式(5.49)确定的梁段间角度关系和梁段无应力长度,逐段计算其他各梁段的制造位置。如图 5.4 所示,假定已计算得到梁段①两端顶板的位置 $A(X_a, Y_a)$ 和 $B(X_b, Y_b)$ 以及梁段①、②间的角度关系 α,并已知梁段 2 的顶板无应力长度 L,则可计算 C 点的制造线形位置为

$$\gamma = \arctan\left(\frac{Y_b - Y_a}{|X_b - X_a|}\right) - \alpha$$
$$\begin{cases} X_c = X_b + L \times \cos(\gamma) \\ Y_c = Y_b + L \times \sin(\gamma) \end{cases} \tag{5.50}$$

其中,γ 表示梁段②顶板相对于水平面的倾角。根据上述原理主梁的无应力线形可采用递推公式计算为

$$H_{fi}^{(1)} = H_{fi-1}^{(1)} + \alpha_{i-1}^{(1)} L_i$$

需注意的是,对线性结构,采用上式即可计算出无应力线形。对非线性结构,由于几何非线性和收缩徐变的影响,上述公式计算所得仅为迭代计算的初值,因此,式中 $H_{fi}^{(1)}$ 为第 1 次迭代第 i 梁段的初始几何位置,$H_{fi-1}^{(1)}$ 为第 $i-1$ 梁段的初始几何位置,$\alpha_{i-1}^{(1)}$ 为第 $i-1$ 梁段与第 i 梁段间的无应力夹角,L_i 为第 i 梁段的长度。对非线性结构,结构刚度矩阵与几何构形、内力相关是相关的,不同的无应力线形会导致不同的成桥位移计算结果;反过来,成桥位移不同则无应力线形也不相同。将无应力线形的初值带入模型计算后,成桥线形往往难以满足要求,存在线形残差,此时无应力线形的调整量为

$$\Delta H_f^{(n)} = H_f^{(n-1)} + [-\Delta] - H_c \tag{5.51}$$

式中　$\Delta H_f^{(n-1)}$——第 n 次迭代的无应力线形修正量;

　　　$H_f^{(n-1)}$——第 $n-1$ 次迭代时的无应力线形;

　　其余符号意义同前。

第 n 次迭代计算的无应力线形为

$$H_f^{(n)} = H_f^{(n-1)} + \Delta H_f^{(n)} \tag{5.52}$$

一般经 2~3 次迭代后可满足成桥线形的要求。

5.2　UHPC 桥面板拌和工艺

5.2.1　研究目的与研究方案

拌和工艺研究的主要目的是确定原材料投料顺序和低收缩 UHPC 合理拌和时间。通过原材料投料顺序的研究,验证试验室所确定的原材料投料顺序的可行性,具体投料顺序如图 5.5 所示。在此基础上,研究不同阶段拌和时间对出料后混凝土性能的影响,采用表 5.2 低收缩 UHPC 配合比,具体试验方案见表 5.3,出料后低收缩 UHPC 检测依据见表 5.4。

图 5.5　原材料投料顺序示意图

表 5.2　拌和工艺研究用低收缩 UHPC 配合比

编号	粗骨料		钢纤维		容重 /(kg·m⁻³)
	最大粒径 /mm	用量 /(kg·m⁻³)	体积分数 /%	用量 /(kg·m⁻³)	
低收缩 UHPC-Ⅲ	8.0	480	2.5	195	2 630

表 5.3　拌和时间研究方案

试验编号	干混时间/min	浆体搅拌时间/min	掺加纤维后搅拌时间/min	出料后检测项目	备注
M-1	1	2	2	坍落度、扩展度、含气量、抗压强度、四点弯曲性能、弹性模量	每一盘拌和物均分两次取料，然后进行相关性能检测。取样时应避开初始出料和最后出料的低收缩UHPC浆体
M-2	1	3	2		
M-3	1	3	3		
M-4	1	4	2		
M-5	1	3	4		
M-6	1	4	4		

表 5.4　低收缩 UHPC 出料后性能检测依据

检测项目	试件尺寸/mm	测试组数或试件组数	检测依据
坍落度、扩展度、含气量	—	12 组	《普通混凝土拌合物性能试验方法标准》（GB/T 50080—2016）
抗压强度	100×100×100	36 组	《活性粉末混凝土》（GB/T 31387—2015）
弯曲性能	100×100×400	36 组	
弹性模量	100×100×300	36 组	

5.2.2　试验结果与分析

采用表 5.3 的不同拌和制度，采用试验室用 60 L 单卧轴强制式搅拌机进行低收缩 UHPC 制备，其新拌性能与力学性能试验结果见表 5.5。

表 5.5　拌和工艺研究小试试验结果

试验编号	新拌性能			力学性能（28 d 标准养护）			
	坍落度/mm	扩展度/mm	含气量/%	抗压强度/MPa	弯曲初裂/MPa	弯拉强度/MPa	弹性模量/GPa
M-1	205	490	2.3	168.1	13.5	19.9	54.2
M-2	210	510	2.0	173.0	14.0	20.7	57.5
M-3	220	530	1.9	178.6	15.3	23.3	58.0
M-4	215	545	2.0	181.6	15.8	22.5	58.3

试验编号	新拌性能			力学性能(28 d 标准养护)			
	坍落度/mm	扩展度/mm	含气量/%	抗压强度/MPa	弯曲初裂/MPa	弯拉强度/MPa	弹性模量/GPa
M-5	220	555	1.9	182.9	16.1	24.1	58.6
M-6	220	570	2.0	182.0	15.9	24.2	58.7

从表中可知,当同时缩短浆体搅拌时间和掺加纤维后的搅拌时间至 2 min 时(M-1),低收缩 UHPC 拌合物的新拌性能与力学性能均有明显的劣化。同时,当浆体搅拌时间超过 3 min 时,低收缩 UHPC 可达到充分拌和,有利于新拌性能的保证,为后续工序的顺序开展以及性能的保证提供基础。另外,随着掺加纤维后的搅拌时间的延长,如超过 2 min 时,有利于纤维的均匀分散,得以保证弯拉性能,但过多的延长,对纤维的分散均匀性影响不大,且降低了施工效率。推荐采用 M-5 的搅拌制度,即干混 1 min,浆体搅拌 3 min,掺加纤维后搅拌 4 min。

5.2.3　中试验证

根据上节研究结论,在低收缩 UHPC 试制用搅拌机基本确定采用立轴行星式强制搅拌机后,在研究中租借了 2.5 方立轴行星式搅拌机,并安装至成品板试制现场,按照干混 1 min,浆体搅拌 3 min,掺加纤维后搅拌 4 min 的拌和制度,进行低收缩 UHPC 的中试拌和生产,单盘搅拌方量为 1.5 m³,并测试了拌合物的新拌性能及硬化后的力学性能,结果见表 5.6。

表 5.6　拌和工艺研究中试试验结果

试验编号	新拌性能			力学性能(28 d 标准养护)			
	坍落度/mm	扩展度/mm	含气量/%	抗压强度/MPa	弯曲初裂/MPa	弯拉强度/MPa	弹性模量/GPa
M-1	225	550	2.0	183.3	15.7	23.5	57.8
M-2	230	545	2.0	182.0	16.0	24.0	57.9
M-3	225	550	1.9	184.1	16.1	24.1	58.4

从表 5.6 中的 3 盘(1.5 方/盘)低收缩 UHPC 拌合物性能测试结果来看,依据确定的拌和制度,中试放大后,拌合物性能比小试时基本持平或略微提高,并满足确定的低收缩 UHPC 材料指标。确定采用该拌合制度可以进行后续相关研究和试生产工作。据此,确定投料顺序和拌和时间如图 5.6 所示,图中数字为该工序操作时间。

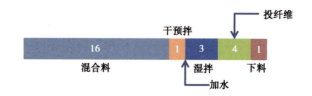

图 5.6　原材料投料顺序及拌和时间

在拌和中需特别注意的是,低收缩 UHPC 由于浆体较普通混凝土黏稠,且纤维的存在增大了拌和的阻力,因此单盘拌和量小于搅拌机的标称拌和量,通过大量的试验,确定单盘拌和量不大于立轴行星式搅拌机标称拌和量和 60%。

5.3　UHPC 桥面板振捣工艺

5.3.1　研究目的和研究方案

振捣工艺是施工工艺的关键环节之一。振捣的目的在于排出 UHPC 中的气泡,确保浇筑密实。但 UHPC 中含有大量纤维,过振会导致纤维向下运动,影响纤维分布的均匀性,从而影响 UHPC 的性能,欠振又影响 UHPC 的气泡排出和密实性。

现浇桥面板常用的振捣设备主要有平板振捣、振动棒插入振捣,预制桥面板一般采用振动台振捣和平板振捣。钢-UHPC 组合桥面板中低收缩 UHPC 板厚度较薄,振动棒插入深度和作用范围有限,究竟采用何种振捣设备是振捣工艺中需要解决的问题。进一步地,在确定振捣设备后,具体的振捣时间是确定的重要参数。

振捣工艺的研究目的包括确定振捣设备和确定振捣时间。研究的方法包括二色化切片影像分析和小构件试验。在振捣工艺研究中采用的材料配合比为第 2 章确定的 MR1 配合比,由于振捣影响的材料参数主要为弯曲初裂应力,因此在构件试验中主要考察了素 UHPC 板的弯曲初裂应力。研究的试件参数见表 5.7。

表 5.7　振捣工艺试验试件参数

试件编号	振捣设备、振捣方式	试件编号	振捣设备、振捣方式
低收缩 UHPC1	振动台振捣 2 min	低收缩 UHPC9	平板振动器振捣 2 min
低收缩 UHPC2	振动台振捣 2 min	低收缩 UHPC10	平板振动器振捣 1 min
低收缩 UHPC3	振动台振捣 2 min	低收缩 UHPC11	平板振动器振捣 1 min
低收缩 UHPC4	振动台振捣 1 min	低收缩 UHPC12	平板振动器振捣 1 min
低收缩 UHPC5	振动台振捣 1 min	低收缩 UHPC13	插入振捣 20 s
低收缩 UHPC6	振动台振捣 1 min	低收缩 UHPC14	插入振捣 20 s
低收缩 UHPC7	平板振动器振捣 2 min	低收缩 UHPC15	插入振捣 20 s
低收缩 UHPC8	平板振动器振捣 2 min		

5.3.2　试验方法

根据研究内容,共设计 5 组 15 个试件,试件形式为板式,与桥面板形式相同。试验中首先进行加载测试,考察的主要参数为低收缩 UHPC 混凝土板开裂应力,其后每组试件中随机抽取 1 个试件,在未开裂区域对试件进行切割,开展影响分析研究。试件尺寸如图 5.7 所示。考察的因素为振捣设备和振捣试件。所有试件均采用常规养护。

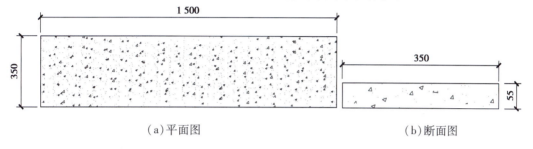

（a）平面图　　　　　　　　　　　　　　（b）断面图

图 5.7　低收缩 UHPC 抗弯试件汇总构造（单位:mm）

低收缩 UHPC 混凝土板采用两点对称加载,这是受弯构件常用的加载方法之一,其优点是在两加载点间为纯弯区段,可以排除其他因素的影响。加载装置如图 5.8 所示。试验前在受拉侧布置了 5 片应变片,监测低收缩 UHPC 的应变。

图 5.8　低收缩 UHPC 抗弯试件加载装置

该试验的测试内容较多,包括荷载、裂缝宽度、挠度、应变等,荷载可由力传感器测量,裂缝宽度采用智能裂缝宽度仪（图 5.9）读取,挠度采用百分表测量,挠度测点布置如图 5.10 所示。

图 5.9　低收缩 UHPC 智能裂缝宽度仪

加载方式有两种:一种为单调加载;另一种为重复加载。

单调加载开始时一般以 3 kN 为加载步长,在接近开裂荷载前 1 级荷载,将加载步长减小为 1.5 kN,寻找开裂荷载,开裂后加载步长为 2 kN,加载至试件最大承载能力。

重复加载的荷载步长与单调加载相同,只是在开裂后视裂缝宽度进行卸载,卸载直接回 0,然后恢复至卸载时荷载,再按 2 kN 步长加载至试件最大承载能力。

构件测试完抗弯试验后,在非开裂区沿断面方向切割 350 mm×55 mm×50 mm 的试件,用于测试纤维分散性和气泡分布。

钢纤维分散性能评价包括以下几个步骤:制样—图像采集—图像处理—分散性能评价。

①制样:如图 5.10 所示,沿 X、Y、Z 3 个方向切割试件,试件厚度为 20 mm,截面积为 100 mm×55 mm,平行试样 3 个。

②图像采集:选用佳能 5D mark Ⅱ相机及佳能 EF 100 mm 微距镜头对测试样品进行图像采集,图像采集装置如图 5.11 所示,由数码相机、存储卡和计算机 3 个部分组成。

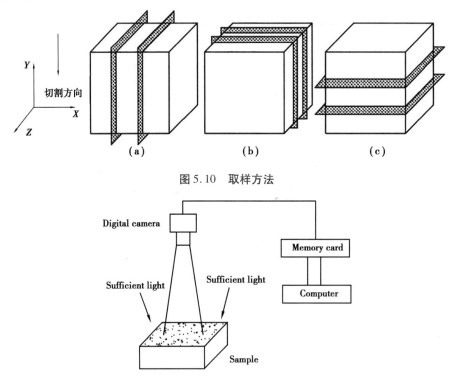

图 5.10　取样方法

图 5.11　图像采集装置示意图

③图像处理:数码相机拍摄的图像是 RGB 色彩模式,采用 IPP 图像处理软件,先将彩色图像转变为 256 级灰度图像,再对图像进行对比度增强,便于阈值的选取及二值化。对二值化图像中噪点的消除采用形态学中的开运算和闭运算,开运算是先腐蚀后膨胀,去除一些孤立的小点,闭运算是先膨胀后腐蚀,填平一些小孔。一些剩余的噪点采用形状参数或尺寸参数法进行去除,或使用剪切工具移除。基于降噪后的二值化图像,即可根据实际需要提取纤维根数、纤维界面长轴与短轴比值等相关信息,如图 5.12 所示。

(a)原始图像　　　　　(b)灰度图像　　　　　(c)降噪后二值化图像

图 5.12　图像分析步骤

5.3.3　影像分析

利用二色化切片影像分析技术对 3 种振捣设备、5 种振捣方式的振捣效果进行了分析，试件切片影像如图 5.13—图 5.22 所示。

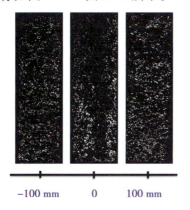

−100 mm　　0　　100 mm

图 5.13　振捣棒振捣对钢纤维分布影响

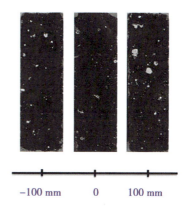

−100 mm　　0　　100 mm

图 5.14　振捣棒振捣排气

图 5.15　振捣台振捣 2 min 对钢纤维分布影响

图 5.16　振捣台振捣 2 min 排气

图 5.17　振捣台振捣 1 min 对钢纤维分布影响

图 5.18　振捣台振捣 1 min 排气

图 5.19　平板振捣 2 min 对钢纤维分布影响　　图 5.20　平板振捣 2 min 排气

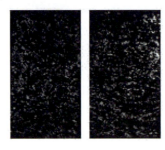 

图 5.21　平板振捣 1 min 对钢纤维分布影响　　图 5.22　平板振捣 1 min 排气

　　如前所述,对现浇桥面板,主要的振捣方式包括插入式振捣和平板振捣两种,由图 5.13 可知,采用振动棒振捣时,在振动棒插入位置有明显的纤维减少,距插入点 10 cm 处,纤维分布相对均匀,但存在在试件底部纤维相对富集的现象。其原因是,振动棒插入位置处形成了孔洞,振动棒拔出后,浆体可快速回填,但纤维的流动速度低于浆体,导致插入位置处纤维减少;由于振动力的作用,纤维存在一定的下沉,导致底部纤维相对富集,这表明 20 s 振动时间偏长,有一定的过振现象,这一问题可通过优化留振时间解决。

　　从试件的表观情况来看(图 5.23),试件表面有较为明显的液化环,证实了上述关于纤维回填速度慢的分析,而且该液化环在试件养护完成后仍清晰可见。

(a)振捣液化环　　　　　(b)养护后仍可见液化环　　　　(c)表面气泡

图 5.23　插入振捣试件表观情况

　　从图 5.14 可知,振动棒振捣的排气效果不佳,在插入点仍有较大气泡,在距离振捣点 10 cm 处,气泡数量更多,而且存在一定数量的大气泡。从原理上分析,振动棒的作用机理是,振动棒对混凝土以一定频率对混凝土拌合物施加脉动激振力,激振力的大小与振动棒作用范围内拌合物的自振频率有关,当拌合物的自振频率与激振频率接近时,振动棒的振动与拌合物的振动形成共振,此时激振力最大,振捣效果最好。对 UHPC 桥面板,其厚度仅

55 mm,振动棒作用范围内拌合物的质量过小,使得其自振频率高于振动棒激振频率,不能形成共振,激振力未达到最大,使得排气效果不佳。

从影像分析来看,传统的插入式振捣存在插入点纤维数量少、排气效果不佳的问题,振动棒不是适宜的振捣设备。

振动台振捣是对试件整体施加振动力,从影响分析来看,振动台振捣的纤维分布较为均匀。振动 2 min 与振动 1 min 比较,2 min 时的纤维分布稍有下沉现象,但并不明显。从排气效果来看,振动 2 min 排气较为充分,仅少量气泡,排气效果明显比振动 1 min 好。但对于UHPC 来说,气泡的存在主要影响抗压强度和弹性模量,对弯曲初裂影响不大,由于其抗压强度超强,存在一定气泡对其使用并不会带来明显不利。确定振动试件还需结合构件试验的弯曲初裂应力。

平板振捣由于无振动棒插入,因此,切片中未见振动棒处纤维减少的情况。从纤维分布来看,平板振捣优于振动棒振捣。对比图 5.19 和图 5.21 可知,平板振捣 2 min 时,纤维有较为明显的下沉现象,振捣 1 min 时,纤维分布要均匀得多。对比图 5.20 和图 5.22 可知,两种振捣时间对排气影响不大,内部均存在一定数量的小气泡。若采用平板振捣,振捣时间以1 min 左右为宜。

对比平板振捣和振动台振捣可知(图 5.17—图 5.22),振动台振捣的纤维分布情况比平板振捣好,排气效果优于平板振捣,其原因是平板振捣的振动力是自试件上表面向下传递的,必然存在上表面振动力大、下表面振动力小的现象,使得表层的纤维下沉,优化平板振动的时间可使这一现象得到缓解,但难以根除。从排气原理来看,振动台振动时,试件底部气泡直接受到激振力作用而上浮排出,而且试件整体所受激振力相同。而平板振捣在振动期作用位置由于激振力作用方向向下,气泡首先侧向运动,然后才能从振动器侧面排出,排气的路径不如振动台振动直接,从时间表观来看,振动台振捣底部气泡较少,而且越靠近试件顶面气泡越小,这反映出在气泡上升过程中激振力将大气泡击碎为小气泡,而平板振捣则出现了气泡在底部密集的情况(图 5.24—图 5.27)。对预制构件,在条件许可时,应以振动台振捣为益。

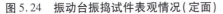

图 5.24　振动台振捣试件表观情况(定面)　　图 5.25　振动台振捣试件表观情况(侧面)

图 5.26　平板振捣试件表观情况(顶面)　　图 5.27　平板振捣试件表观情况(侧面)

5.3.4　小构件力学性能测试分析

1)振捣方式对 UHPC 主要力学指标的影响

目前,评定 UHPC 混凝土初裂强度的方法主要有轴心受拉试验和弯曲抗拉试验。轴心受拉试验不易测定裂缝发展的过程,而且试验较为复杂,本书中,采用素 UHPC 板的弯曲试验来测试其弯曲初裂应力。需说明的是,这里没有采用材料试验中小梁弯曲试验,原因是,大量的试验表明,构件试验测定的弯曲初裂应力一般比材料试验低,采用素 UHPC 板测试弯曲初裂应力,更接近工程实际。同时,进行抗压强度和弹性模量的测试,结果详见表5.8、表5.9。

表 5.8　弯曲抗拉强度汇总

试件编号	弯曲抗拉强度/MPa	试件编号	弯曲抗拉强度/MPa
低收缩 UHPC1	13.5	低收缩 UHPC9	13.7
低收缩 UHPC2	13.6	低收缩 UHPC10	14.1
低收缩 UHPC3	14.7	低收缩 UHPC11	13.5
低收缩 UHPC4	13.3	低收缩 UHPC12	12.4
低收缩 UHPC5	14	低收缩 UHPC13	12.8
低收缩 UHPC6	13.7	低收缩 UHPC14	10.9
低收缩 UHPC7	12.5	低收缩 UHPC15	12.7
低收缩 UHPC8	11.8		

表 5.9　振捣方式对 UHPC 主要力学指标的影响

振捣方式	弯曲初裂/MPa	弹性模量/GPa	抗压强度/MPa
振动台振捣 2 min	13.9	48.8	175.1
振动台振捣 1 min	13.7	48.4	179.6
平板振动器振捣 2 min	12.7	47.8	174.8
平板振动器振捣 1 min	13.3	47.6	168.6
插入振捣 20 s	12.1	46.8	164.8

从表 5.9 可知,振捣方式对 UHPC 主要力学指标有一定影响。振动台振捣的弯曲初裂强度、弹性模量、抗压强度均明显比其余两种振捣方式略高,这一结果与影像分析的结果是一致的,原因在于,振动台振动为试件整体振动,有利于排出气泡,增加密实度,同时对纤维的分布无明显不利影响。对比振动台振捣的时间,振捣 1 min 与振捣 2 min,主要力学指标较为接近,若采用振动台振捣,振捣时间 1 min 即可。

平板振动器振捣的主要力学指标比振动台振捣稍低,但弯曲初裂仍可达 13 MPa 左右,抗压强度也可达 170 MPa 左右。平板振捣的材料特性不如振动台振捣,其机理正如前文所述,此类振捣方式的激振力有一个由上至下传递的过程,顶面激振力大,底面激振力小,这一方面使得纤维有下沉的趋势;另一方面不利于气泡的排出,前者使得弯曲初裂应力降低,后者则降低了弹性模量和抗压强度。但是在现浇桥面板的摊铺施工中,振动台振动是无法使用的,在此情况下,平板振捣是一种可以接受的振捣方式。

插入振捣的主要力学指标均比其余两种振捣方式低,这一现象与影像分析的结果是一致的,这表明,振动棒插入导致液化环对 UHPC 的力学性能有一定的不利影响。

综合影像分析和力学指标测试的结果,对 UHPC 桥面板,若采用预制桥面板宜采用振动台振捣;若采用现场摊铺施工宜采用平板振动器表面振捣,振捣时间 1 min 为宜。

2) 挠度发展

根据影响分析和主要力学指标的测试,已基本确定 UHPC 桥面板的振捣工艺,从研究的完整性考虑,这里一并给出素 UHPC 板的挠度发展和裂缝开展情况。

挠度和弹性恢复力反映了低收缩 UHPC 的变形性能。在试验中,测试了低收缩 UHPC 板加载全过程的跨中挠度和卸载后的挠度弹性恢复,如图 5.28—图 5.32 所示。限于篇幅,这里仅给出部分荷载-挠度曲线。

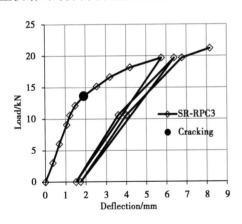

图 5.28　低收缩 UHPC3 荷载-挠度曲线
（卸载裂缝宽 0.1 mm）

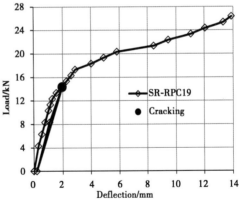

图 5.29　低收缩 UHPC4 荷载-挠度曲线
（卸载裂缝宽 0.02 mm）

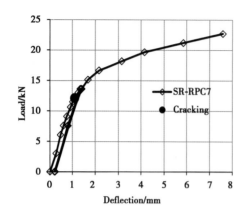

图 5.30 低收缩 UHPC7 荷载-挠度曲线
（卸载裂缝宽 0.02 mm）

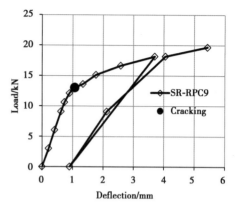

图 5.31 低收缩 UHPC14 荷载-挠度曲线
（卸载裂缝宽 0.08 mm）

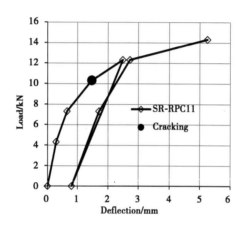

图 5.32 低收缩 UHPC14 荷载-挠度曲线（卸载裂缝宽 0.08 mm）

从图中可知,开裂前,低收缩 UHPC 板的荷载-挠度曲线基本为线性关系,全截面保持弹性状态。裂缝出现后,低收缩 UHPC 板仍能承担荷载,这是开裂截面受到钢纤维的约束,尽管部分低收缩 UHPC 因开裂退出工作,但钢纤维能够承担部分拉力,维持截面的拉压平衡。开裂后,由于荷载的增加,钢纤维的变形随之增加,并逐渐被拉断或被拔出,对裂缝的抑制作用逐渐降低,导致裂缝延伸,参与工作的截面逐渐减小,低收缩 UHPC 板的刚度随着荷载的增加逐渐降低,荷载-挠度曲线渐趋水平。可见,低收缩 UHPC 由开裂至破坏有一个变形发展的过程,在承载能力变化不大的情况下,可以出现较大的变形,这表明低收缩 UHPC 破坏的脆性比普通混凝土大大减小。

在裂缝宽度不大(不大于 0.05 mm)时,低收缩 UHPC 板有良好的弹性恢复能力,残余变形不到 1 mm,若在裂缝宽度小于 0.02 mm 时卸载,残余变形甚至小于 0.5 mm。即使在裂缝宽度为 0.1 mm 时卸载,残余变形也仅在 1 mm 左右。

3)裂缝开展情况及破坏形态

从单调加载试件来看(图 5.33—图 5.36),低收缩 UHPC 板的裂缝发展可分为开裂期、裂缝稳定发展期和裂缝快速发展期 3 个阶段。

①开裂期:在低收缩 UHPC 刚开裂时,一般只有 1~2 条裂缝,裂缝短、细,22 个试件的裂缝宽度均不可读(<0.02 mm)。随着荷载的增加,裂缝数量会有所增加,但宽度仍保持不变。在此阶段,裂缝一般只在试件下缘出现,侧面未发现裂缝,这表明裂缝延伸高度非常小。在开裂后约 2 级荷载后,裂缝宽度才能达到 0.02 mm,此后进入裂缝稳定发展期。

②裂缝稳定发展期:在此期间,裂缝数量大量增长,裂缝数量一般可达 20 条以上,多者可达上百条(图 5.42—图 5.45)。与此相对应,裂缝宽度随荷载缓慢增长,1 级荷载大约增长 0.02 mm,试件侧面出现裂缝,并随着荷载的增加缓慢向顶面延伸。

③裂缝快速发展期:当裂缝宽度大于 0.04 时,裂缝宽度快速增长,1 级荷载裂缝宽度可能增加 0.04~0.1 mm。裂缝在横向上延伸,逐渐发展为横向贯通裂缝,同时侧面裂缝快速向上延伸,可听到钢纤维拔出或拉断时的声音,当裂缝延伸至试件顶面后,试件因受拉而破坏。

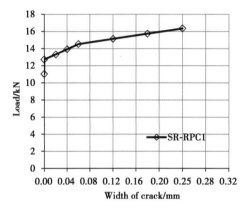

图 5.33　低收缩 UHPC1 荷载-最大缝宽曲线

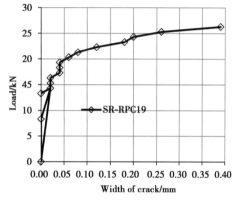

图 5.34　低收缩 UHPC4 荷载-最大缝宽曲线

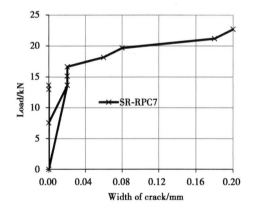

图 5.35　低收缩 UHPC7 荷载-最大缝宽曲线

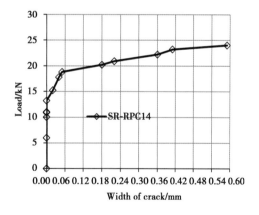

图 5.36　低收缩 UHPC14 荷载-最大缝宽曲线

图 5.37　破坏形态 1

图 5.38　破坏形态 2

图 5.39　破坏后纯弯区侧面

图 5.40　低收缩 UHPC3 断口局部

图 5.41　断口钢纤维局部放大

图 5.42　底面裂缝 1

图 5.43　底面裂缝 2

图 5.44　底面裂缝 3　　　　　　　图 5.45　底面裂缝 4

对重复加载试件,若卸载时的裂缝宽度小于 0.04 mm,卸载后裂缝一般能闭合,当裂缝宽度大于 0.08 mm 时卸载,裂缝不能完全闭合,残余缝宽为 0.02 mm。

对比普通混凝土试件可知,低收缩 UHPC 从开裂至破坏一般有一个裂缝逐渐开展,挠度逐渐增加的过程,破坏荷载一般为开裂荷载的 1.4～2 倍,不会出现普通混凝土开裂脆断的现象。而且低收缩 UHPC 的裂缝数量较多,裂缝短小、细密,破坏主裂缝(横向贯通裂缝)的形成有一个过程。而普通混凝土一旦开裂即迅速形成破坏主裂缝,并被拉断。这些现象均表明,低收缩 UHPC 具有比普通混凝土好得多的韧性,现有的小梁抗折试验也得到了这一结论。其原因在于,钢纤维约束低收缩 UHPC 裂缝的开展,使得其内部应变能发生重分布,延缓了裂缝的开展。

从破坏形态来看,素低收缩 UHPC 板仍为在过大的拉应力作用下拉断(图 5.37、图 5.38),这与普通混凝土相同。从断口形态看,破坏时,穿过主裂缝的钢纤维大多被拔出。

5.4　小结

本章给出了无支架施工时钢梁无应力线形的确定方法,采用小试件试验和小板中试,采用 IPP 图分析和力学性能试验的方法对低收缩 UHPC 的拌和工艺、振捣工艺进行了研究,确定了投料顺序、投料时间、拌和时间,考察了振动器形式纤维分布、气泡结构及小板试件力学性能的影响,研究结果小结如下:

①对钢箱梁,主梁的无应力长度和无应力曲率是确定无应力线形的关键参数,本书提出的应力放松法可计算钢箱梁的无应力曲率和无应力长度,对线性结构可直接求解,对非线性结构需迭代求解。

②低收缩 UHPC 板拌和制度以干混 1 min,浆体搅拌 3 min,掺加纤维后的搅拌 4 min 为宜,缩短搅拌时间会造成拌合物新拌性能以及力学性能不同程度下降,而继续增加搅拌时间,拌合物性能提升不明显。

③振捣设备、振捣时间对低收缩 UHPC 板的力学性能有一定影响,其原因在于振捣设备和振捣时间不同将影响气体的排出和纤维的分布。

④当桥面板为预制板时,以采用振动台振动为宜,振捣时间 1 min;当桥面板采用现场摊铺施工时,宜采用表面平板振捣,振捣时间 1 min。对薄层 UHPC 桥面板不宜采用振动棒插入振捣,原因是插入点易形成液化环,且排气效果不佳。

第6章 主要结论

本书主要通过试验研究和理论分析得到以下结论：

①常规的 UHPC 收缩达 $500\sim800~\mu\varepsilon$，减小收缩是采用蒸汽养护的主要原因。减小 UHPC 的收缩是实现免蒸养的关键。

②基于无限填充理论，采用纳米材料填充颗粒间隙和提高密实度，是减少收缩的重要途径。根据上述理论，研发了免蒸养低收缩 UHPC 制备技术，钢纤维掺量为 2.6% 的标养 UHPC 抗压强度可达 177 MPa，弯曲初裂强度可达 13.8 MPa，受压弹性模量可达 48GPa，1 年期收缩值小于 $340\mu\varepsilon$，并具有良好的韧性。

③素低收缩 UHPC 板、低收缩 UHPC 加筋板、低收缩 UHPC 叠合板的试验结果表明，低收缩 UHPC 从开裂至破坏，挠度、裂缝均有明显发展的过程，破坏缓慢，具有良好的韧性。

④低收缩 UHPC 与钢板叠合后，可明显增大桥面板的抗弯刚度，对试验的试件，组合板的弯曲刚度为钢板的 50 倍。试验表明，开裂后虽刚度有所降低，但截面刚度基本保持稳定，开裂截面的弯曲刚度达钢板截面抗弯惯矩的 20 倍，低收缩 UHPC-钢组合板的刚度比钢桥面板大得多。

⑤对配筋率为 3.7% 且钢筋位置适当的低收缩 UHPC-钢组合板，当裂缝宽度为 0.2 mm 时，钢板的应力可达 150 MPa 以上。考虑钢结构应力由 1、2、3 体系的应力构成，使用荷载作用下，第三体系应力一般不会达到 150 MPa，对低收缩 UHPC 组合正交异性板横向（低收缩 UHPC 组合板）的裂缝宽度不会成为控制设计的主要因素。

⑥试验表明，低收缩 UHPC-U 肋组合体中，低收缩 UHPC 开裂时，U 肋最大应力达 135 MPa 以上，U 肋开始屈服时，裂缝宽度不大于 0.05 mm。低收缩 UHPC 组合正交异性板纵向（低收缩 UHPC-U 肋组合体）在实际工程中开裂风险并不大，即使开裂也有良好的裂缝约束性能。

⑦高强钢丝虽然抗拉强度高，但约束裂缝性能比 HRB400 钢筋差，刚度也较小，正常使用性能不如 HRB400 钢筋，且其破坏有一定的脆性性质，不推荐采用高强钢丝作为低收缩 UHPC 板的配筋。

⑧低收缩 UHPC 中的剪力钉的破坏形态为剪力钉剪断，根据试验结果，提出了剪力钉屈服强度、破断强度、荷载-滑移曲线的计算公式，可供实际应用参考。建议，在工程中采用 9 mm×36 mm 剪力钉，以增强剪力钉的变形性能。

⑨在加载过程中，低收缩 UHPC 加筋板、低收缩 UHPC 叠合板裂缝众多，裂缝间距小，宽度不大，具有良好的裂缝约束能力。对配筋率为 4.5%、采用 10HRB400 钢筋、保护层厚度为

12 mm 的低收缩 UHPC 加筋板,裂缝宽度为 0.1 mm、0.15 mm、0.2 mm 且具有 85% 保证率的低收缩 UHPC 混凝土名义拉应力分别建议为 29.9 MPa、39.7 MPa、46.6 MPa。对具有相同钢筋配置的低收缩 UHPC 组合板,裂缝宽度为 0.1 mm、0.15 mm、0.2 mm 且具有 85% 保证率的低收缩 UHPC 混凝土名义拉应力建议为 30 MPa、40 MPa、45 MPa。

⑩低收缩 UHPC 可明显增加 U 肋的刚度,低收缩 UHPC-U 肋组合体的抗弯刚度为 U 肋单元的 1.4 倍,且低收缩 UHPC 刚度大,增大了应力扩散范围,理论计算和试验结果表明,U 肋与钢板焊缝处的应力可减小 60%～70%,这对减小该部位的疲劳应力下限和疲劳应力幅均大有裨益。

⑪采用燕尾榫连接低收缩 UHPC 板,新旧混凝土的开裂应力为 6.5 MPa,裂缝宽度为 0.1 mm、0.15 mm、0.2 mm 时的名义应力为 31.1 MPa、41.4 MPa、47.7 MPa。开裂应力仍远高于普通混凝土,且开裂后的裂缝约束能力与整体浇筑混凝土基本持平,采用燕尾榫构造可以较好地连接分期浇筑的低收缩 UHPC。

⑫基于弹性设计和塑性设计时钢-UHPC 组合梁中剪力栓钉剪力分布规律基本与传统钢-混组合梁一致,设计时可参考已有的设计方法。剪力滞效应对剪力栓钉横向剪力分布影响显著,不容忽视,对此可借鉴 Eurocode 4 相关公式。

⑬基于应变测试结果和平截面假定,提出了承载力极限状态下 UHPC 受压区混凝土应变分布模式,考察受拉区 UHPC 参与受拉工作的参与程度,推导得出了内力臂高度计算方法,并由截面力平衡和力矩平衡建立承载能力极限状态平衡方程及计算方法。

⑭由 16 个低收缩 UHPC-钢组合板试件受弯试验,以实测弯矩-挠度曲线反算实测刚度,基于截面有效惯性矩法,通过数值逼近,建立了叠合板有效刚度计算公式。

⑮建立了钢-UHPC 叠合桥面板负弯矩作用下的裂缝宽度计算方法,裂缝宽度计算结果均与实测值吻合较好。

⑯低收缩 UHPC 板拌和以干混 1 min,浆体搅拌 3 min,掺加纤维后的搅拌 4 min 为宜,缩短搅拌时间会造成拌合物新拌性能以及力学性能不同程度下降,而继续增加搅拌时间,拌合物性能提升不明显。

⑰当桥面板为预制板时,以采用振动台振动为宜,振捣时间 1 min;当桥面板采用现场摊铺施工时,宜采用表面平板振捣,振捣时间 1 min。

参考文献

[1] 徐海宾,邓宗才.新型 UHPC 应力-应变关系研究[J].混凝土,2015(6):66-68.

[2] 聂建国.钢-混凝土组合结构桥梁[M].北京:人民交通出版社,2011.

[3] 覃维祖,曹峰.一种超高性能混凝土:活性粉末混凝土[J].工业建筑,1999(4):16-18.

[4] 原海燕,安明喆,贾方方,等.钢纤维增强 RPC 受拉应力-应变曲线试验[J].广西大学学报(自然科学版),2015,40(4):921-927.

[5] 程俊,刘加平,张丽辉.超高性能混凝土纤维-基体黏结性能测试与机理分析[J].混凝土与水泥制品,2016(5):62-66.

[6] 杨久俊,刘俊霞,韩静宜,等.大流动度超高强钢纤维混凝土力学性能研究[J].建筑材料学报,2010,13(1):1-6.

[7] 吴炎海,何雁斌.活性粉末混凝土(RPC200)的配制试验研究[J].中国公路学报,2003,16(4):44-49.

[8] 王志建.活性粉末混凝土(RPC)二轴受压本构关系和破坏准则研究[D].北京:北京交通大学,2008.

[9] 邵旭东,胡建华.钢-超高性能混凝土轻型组合桥梁结构[M].北京:人民交通出版社,2015.

[10] 王德辉,史才军,吴林妹.超高性能混凝土在中国的研究和应用[J].硅酸盐通报,2016,35(1):141-149.

[11] 王康康,赵灿晖,邓开来.预制粗骨料 UHPC 桥面板振捣工艺试验研究[J].世界桥梁,2018,46(6):51-55.

[12] 李浩稻.粗骨料 UHPC 梁斜截面抗剪性能试验研究[D].成都:西南交通大学,2018.

[13] 赵灿晖,刘加平,邵旭东.南京长江第五大桥含粗骨料 UHPC 桥面板研究专题-粗骨料 UHPC 制备技术[R].南京,2016.

[14] 李文光,邵旭东,方恒,等.钢-UHPC 组合板受弯性能的试验研究[J].土木工程学报,2015,48(11):93-102.

[15] 崔冰,王康康,周启凡,等.预制钢-混组合桥面板组装式连接静力及疲劳性能试验[J].中国公路学报,2018,31(12):106-114.

[16] 孔令方,邵旭东,刘榕.钢-UHPC 轻型组合梁桥面板受弯性能有限元分析[J].公路交通科技,2016,33(10):88-95.

[17] 韩亮.钢-UHPC 组合板冲切破坏性能的试验研究[D].北京:清华大学,2017.

[18] 彭云帆.钢-UHPC 组合桥面板连接件抗前性能研究[D].福州:福州大学,2017.

[19] 陈德宝,曾明根,苏庆田,等.钢-UHPC 组合桥面板湿接缝界面处理方式[J].中国公路学报,2018,31(12):154-162.

[20] 刘君平,徐帅,陈宝春.钢-UHPC 组合梁与钢-普通混凝土组合梁抗弯性能对比试验研究[J].工程力学,2018,35(11):92-98.

[21] 邵旭东,罗军,曹君辉,等.钢-UHPC 轻型组合桥面结构试验及裂缝宽度计算研究[J].土木工程学报,2019,52(3):61-75.

[22] 赵灿晖,杨兴旺,崔冰,等.南京长江第五大桥含粗骨料 UHPC 桥面板研究专题—桥面板构件力学性能研究[R].南京,2016.

[23] 陈宝春,李聪,黄伟,等.超高性能混凝土收缩综述[J].交通运输工程学报,2018,18(1):13-28.

[24] 苏庆田,胡一鸣,田乐,等.用于组合梁桥面板湿接缝的弧形钢筋连接构造[J].中国公路学报,2017,30(9):86-92.

[25] 邵旭东,陈斌,周绪红.钢-RPC 轻型组合桥面结构湿接头弯曲试验[J].中国公路学报,2017,30(3):210-217.

[26] 刘界鹏,周保旭,余洁,等.装配整体式钢-混凝土组合梁栓钉抗剪连接件受力性能试验研究[J].建筑结构学报,2017,38(S1):337-341.

[27] 侯文崎,叶梅新.铁路桥梁群钉组合结构极限承载力和静力行为分析[J].中国铁道科学,2011,32(1):55-61.

[28] 项贻强,郭树海.复杂应力条件下快速施工钢-混组合梁群钉推出试件参数分析[J].中国公路学报,2017,30(3):246-254.

[29] 姜海波,王添龙,肖杰,等.预制节段钢纤维混凝土梁干接缝抗剪性能试验[J].中国公路学报,2018,31(12):37-49.

[30] 周履.混凝土收缩徐变引起的钢-混凝土结合梁的内力重分配[J].桥梁建设,2001,31(2):1-4.

[31] 杨飞,刘玉擎,姜智博,等.新型钢混螺栓连接件抗剪性能试验[J].中国公路学报,2018,31(12):50-58.

[32] 李成君,周志祥,黄雅意,等.装配式组合梁剪力钉抗剪承载力研究[J].中国公路学报,2017,30(3):264-270.

[33] 梁雪娇,郑辉,轩帅飞,等.超高性能混凝土节段预制拼接梁受弯性能试验研究[J].工业建筑,2021,51(1):30-36.

[34] 王成志.超高性能混凝土结构抗弯性能试验研究[D].成都:西南交通大学,2017.

[35] 刘秋华.新型抗剪连接件的试验研究[D].昆明:昆明理工大学,2010.

[36] 邵旭东,方恒,李文光.钢超薄 UHPC 组合桥面板界面抗剪性能研究[J].湖南大学学报(自然科学版),2016,43(5):44-51.

[37] 樊健生,王哲,杨松,等.钢-超高性能混凝土组合箱梁弹性弯曲性能试验研究及解析解[J].工程力学,2020,37(11):36-46.

[38] 赵灿晖,李浩稻,邓开来.钢筋与粗骨料超高性能混凝土粘结性能试验研究[J].西南交通大学学报,2019,54(5):937-944.